POLIZEI KÖLN
Wie geht das?

J.P. Bachem Verlag

Neugierig auf Einsätze, Tatorte, Hubschrauber ...?

Mitten in der Nacht wirst Du wach. Du gehst zum Kühlschrank, weil Du etwas trinken möchtest. Dabei schaust Du aus dem Fenster. Beim Nachbarn gegenüber stimmt doch etwas nicht! Durch das Fenster siehst Du das schwache Licht einer Taschenlampe. Deine Nachbarn sind aber im Urlaub. Was ist da los? Natürlich denkst Du an einen Einbruch. Was tust Du? Genau: Du weckst Deine Eltern und Ihr ruft sofort die Polizei! Sie soll den Einbrecher auf frischer Tat ertappen. Gut gemacht!

Die „Ermittlung bei einem Einbruchdiebstahl", wie es in der Polizeisprache heißt, ist allerdings nur eine von vielen Aufgaben der Polizei.
Welche Aufgaben hat die Polizei Köln noch und wie sieht ihre Arbeit ganz genau aus? Diese beiden wichtigen Fragen möchten wir Dir in diesem Buch beantworten. Wenn beispielsweise ein Verkehrsunfall oder ein Ladendiebstahl passiert ist, sind wir so schnell es geht zur Stelle. Aber auch bei Fußballspielen, Demonstrationen oder wenn der Rosenmontagszug durch Köln zieht, ist die Polizei nicht wegzudenken. Immer und überall – so kann man grob sagen – sorgen wir für die Sicherheit aller Bürger in Köln und Leverkusen. Und das rund um die Uhr!

Du sollst hier einen kleinen Einblick in unsere Arbeit erhalten. Wir zeigen Dir zum Beispiel, wie ein Polizeihubschrauber von innen aussieht. Oder interessieren Dich eher die aufregenden Einsätze eines Polizeihundes? Vielleicht möchtest Du aber auch mehr über die Spurensicherung an einem Tatort erfahren. Komm mit uns auf eine spannende Reise durch die Arbeitswelt der Polizei Köln. Und wer weiß: Vielleicht möchtest Du nach der Schule auch Polizistin oder Polizist werden?

Wir freuen uns auf Dich! Los geht's.

**Dein
Uwe Jacob
Polizeipräsident**

Übrigens:
Begriffe, die Du vielleicht noch nicht kennst, sind im Buch mit dem Stern markiert. Im Polizei 1x1 auf den Seiten 62 und 63 erklären wir Dir diese Wörter.

INHALT

6 FÜR SICHERHEIT & ORDNUNG
Welche Aufgaben die Polizei Köln meistert und mit welchen Partnern sie zusammenarbeitet …

16 IM EINSATZ
Warum Polizisten auch im Karneval und bei Fußballspielen eine wichtige Rolle spielen …

28 AUF DER WACHE
Wo die Streifenpolizisten arbeiten, wenn sie gerade nicht unterwegs sind, und welche Dinge im Einsatz immer griffbereit sein müssen …

36 DIE SPEZIALISTEN
Wann die Polizeihubschrauber abheben und warum manche Hunde ziemlich gute Ermittler sind …

50 TIPPS & TRICKS
Wie Taschendiebe an ihre Beute kommen und was gegen Cyber-Mobbing schützt …

QUIZ
für Polizei-Profis **60**

Das Polizei **1 x 1** **62**

7

Wie ist die Polizei Köln **organisiert**?

Wo gehen die **Notrufe** ein und **wie viele** sind es täglich?

Wer regelt den **Schiffsverkehr** auf dem Rhein?

Welche besonderen Aufgaben übernimmt die **Bundespolizei**?

5000 Helfer & Helden

FÜR SICHERHEIT & ORDNUNG

Sie ist in Windeseile zur Stelle, wenn auf den Straßen ein Unfall passiert ist. Ihr Einsatz ist aber auch immer dann gefragt, wenn Handgreiflichkeiten, Einbrüche, Diebstähle und andere Straftaten verhindert oder aufgeklärt werden müssen. Kurzum – sie sorgt dafür, dass sich jeder Bürger in seiner Stadt sicher fühlt und alles seine Ordnung hat: die Polizei Köln.

Eine Polizei für zwei Städte

Die Polizei Köln ist für die Sicherheit aller Menschen in der Domstadt zuständig. Aber wusstest Du, dass sie auch für die Nachbarstadt Leverkusen und für die Autobahnen rund um die beiden Städte verantwortlich ist? Zu ihren Aufgaben gehört es, Unfallstellen abzusichern, bei Schlägereien einzugreifen, Straftäter zu verfolgen, Spuren nach Einbrüchen zu sichern und dafür zu sorgen, dass bei Großveranstaltungen alles glatt läuft ...

Hand in Hand

In Nordrhein-Westfalen ist die Polizei Köln die größte von insgesamt 47 Kreispolizeibehörden. Über 5000 Frauen und Männer arbeiten dort, zum Beispiel bei der Kriminalpolizei, auf den Wachen in den Stadtteilen von Köln und Leverkusen, bei der Hundestaffel oder beim SEK, dessen Arbeit streng geheim ist ...

POLIZEIPRÄSIDIUM

POLIZEIGEWAHRSAM

Die Beamten schauen regelmäßig nach, ob es den Zelleninsassen des Polizeigewahrsams gut geht.

WELTMEISTERWISSEN ★

Das **POLIZEIPRÄSIDIUM** in Köln-Kalk ist nicht nur der Arbeitsplatz des Chefs der Polizei Köln und insgesamt über 5000 weiterer Beschäftigter. In diesem Gebäude befinden sich auch einige Räume, um die normalerweise jeder einen großen Bogen macht: die 66 Zellen des **POLIZEIGEWAHRSAMS**. Hier bringen die Polizisten zunächst alle unter, die sie vorläufig festgenommen haben. Mit einer solchen Zelle muss außerdem jeder vorliebnehmen, für den die Polizei Ingewahrsamnahme angeordnet hat, weil er eine Gefahr für sich selbst oder für andere ist. Wenn also jemand viel Alkohol getrunken hat und droht, hinzufallen und sich zu verletzen, dann nehmen ihn die Polizisten mit in den Polizeigewahrsam – zu seiner eigenen Sicherheit. Dort kann er nicht stürzen und sich verletzen, sondern sich auf eine Matratze legen, um seinen Rausch auszuschlafen. Ein ★ **Haftrichter** prüft, ob der Zellenbewohner in ein Kölner Gefängnis umziehen muss oder in die Freiheit entlassen wird.

FÜR SICHERHEIT & ORDNUNG

Arbeitsteilung

Die Polizei Köln ist der Arbeitsplatz zahlreicher Menschen, die zahlreiche unterschiedliche Aufgaben haben. Damit sie ihre Arbeit perfekt organisieren kann, ist die Polizei in Direktionen aufgeteilt. Das kannst Du Dir vorstellen wie Arbeitsgruppen oder Abteilungen, die jeweils ihre Spezialgebiete haben.

Gefahrenabwehr und Einsatz

Hier arbeiten rund 2000 Frauen und Männer, also fast die Hälfte aller Polizisten in Köln. Das liegt daran, dass zu dieser Direktion auch die sieben sogenannten Polizeiinspektionen mit den 14 Polizeiwachen gehören. „Gefahrenabwehr" bedeutet zum Beispiel, dass die Polizisten dieser Direktion bei einem Ampelausfall an einer belebten Kreuzung den Verkehr regeln, damit keine Unfälle passieren. Auch die Fahrten mit dem Streifenwagen und die Streifengänge gehören dazu – denn sie zeigen den Bürgern, dass sie sich sicher fühlen können. Und: Die Anwesenheit der Polizisten schreckt Straftäter ab.

Mit dieser Marke geben sich Kriminalpolizisten zu erkennen.

Kriminalität

Das, was Du vielleicht schon unter dem Begriff „Kripo" – das ist die Abkürzung für „Kriminalpolizei" – kennst, heißt offiziell „Direktion Kriminalität". Rund 1000 Kriminalbeamte versuchen nach Straftaten Täter zu ermitteln und Beweise zu sammeln, die auch vor Gericht zählen. Sie kümmern sich um Sachbeschädigungen, verhindern Einbrüche und Diebstähle oder klären sie auf. Wenn also jemand in Dein Zuhause eingebrochen ist, machen die Kriminaltechniker Fotos und sichern Fingerabdrücke, sobald sie welche finden. Zu dieser Direktion gehört übrigens auch der Polizeiliche Staatsschutz, der sich unter anderem mit ★ Terrorismus auseinandersetzt.

Eine Körperschutzausrüstung, ähnlich wie ein Schildkrötenpanzer, schützt die Bereitschaftspolizisten, falls es zu handfesten Auseinandersetzungen kommt.

Besondere Aufgaben

In dieser Abteilung findest Du unter anderem die Bereitschaftspolizei. Das sind die Männer und Frauen, die dafür sorgen, dass Demonstrationen und Fußballspiele für alle Beteiligten sicher über die Bühne gehen. Auch der Ständige Stab gehört zu dieser Direktion. Er bereitet besondere Einsätze vor. Unter „besondere Einsätze" fallen zum Beispiel ★ **Geiselnahmen**, Entführungen, Erpressungen oder Anschläge. Die Technische Einsatzeinheit ist ebenfalls Teil dieser Direktion. Dazu gehören die Taucher sowie die Teams der Wasserwerfer und Räumfahrzeuge. Speziell ausgebildete Polizeihunde haben ihren Arbeitsplatz in der Diensthundestaffel. Und natürlich dürfen zwei Teams nicht fehlen: MEK und SEK, das Mobile Einsatzkommando und das Spezialeinsatzkommando. Sie führen streng geheime Ermittlungen durch und sind besonders trainiert darin, Gebäude zu stürmen, um Täter zu entwaffnen.

Verkehr

60 000 Verkehrsunfälle passieren jedes Jahr in Köln, Leverkusen und auf den Autobahnen rund um die beiden Städte. Die 600 Beamten der Verkehrsdirektion überwachen den Straßenverkehr und engagieren sich dafür, dass Fußgänger, Rad- und Autofahrer die Verkehrsregeln einhalten und dadurch weniger Unfälle verursachen.

Zentrale Aufgaben

Die Polizei ist eine ★ **Behörde** des Landes Nordrhein-Westfalen. Wie jede Behörde besitzt sie auch eine Verwaltung. Das klingt jetzt nicht so spektakulär wie Kripo, SEK und Spurensicherung, ist aber ebenso wichtig. Denn die 500 Beschäftigten der Verwaltung kümmern sich um alle Mitarbeiter der Polizei Köln, sie managen sämtliche Angelegenheiten rund um den Fuhrpark und sorgen dafür, dass die Technik in den Gebäuden funktioniert.

FÜR SICHERHEIT & ORDNUNG

Verstärkung

Auf dem Wasser, in der Luft, am Flughafen, im Bahnhof …: Bei manchen Einsätzen arbeitet die Polizei Köln mit besonderen Spezialisten und Institutionen aus NRW oder ganz Deutschland zusammen.

Die Bundespolizei

Wenn Du im Bahnhof oder am Flughafen unterwegs bist und dort Polizisten begegnest, ist die Wahrscheinlichkeit ziemlich groß, dass diese Ordnungshüter nicht für die Polizei Köln, sondern für die Bundespolizei arbeiten. Sie ist für die Sicherheit in ganz Deutschland zuständig und übernimmt dafür besondere Aufgaben – an Bahnhöfen und Flughäfen genauso wie bei der polizeilichen Überwachung der Grenzen im Bundesgebiet. Das bedeutet, die Beamten der Bundespolizei kontrollieren Fahrzeuge und überprüfen die ★ **Grenzübertrittspapiere** der Menschen, die nach Deutschland kommen oder von hier aus in andere Länder reisen. Auf diese Weise kann es ihnen gelingen, Verbrecher, die in Europa zur ★ **Fahndung** ausgeschrieben sind, zu fassen. Natürlich arbeiten die Behörden in Deutschland sehr eng zusammen. So unterstützt die Bundespolizei die Kölner Kollegen bei Großereignissen wie ★ **Castortransporten** oder Demonstrationen.

Das Ordnungsamt

Bestimmt hast Du schon einmal vom Ordnungsamt der Stadt Köln gehört. Die Mitarbeiter kontrollieren, ob Autos nur dort parken, wo das auch erlaubt ist, und ob auf Spielplätzen niemand raucht oder seinen Hund Gassi führt. Immer wenn in Köln zahlreiche Menschen feiern, zum Beispiel bei den Kölner Lichtern oder bei Konzerten, sorgen die Polizei Köln und das Ordnungsamt gemeinsam dafür, dass die Veranstaltungen sicher über die Bühne gehen. Eine besondere Zusammenarbeit verbirgt sich hinter „OPARI" – das ist die Abkürzung für „Ordnungspartnerschaft Ringe" und bedeutet, dass Teams aus Polizeibeamten und Ordnungsamt-Mitarbeitern auf dem Hohenzollernring für Sicherheit sorgen. Denn dort treffen sich am Wochenende viele Menschen zum Feiern. Zugleich sind die Ringe häufig Schauplatz von Taschendiebstählen und gewalttätigen Auseinandersetzungen. Seitdem es OPARI gibt und mehr Einsatzkräfte vor Ort sind, können viele Straftaten unmittelbar verhindert werden.

Die Wasserschutzpolizei

Die Aufgaben der Wasserschutzpolizei unterscheiden sich sehr von denen „normaler" Polizisten. Denn: Auf dem Wasser gibt es natürlich eher selten Einbrüche oder Raufereien. Auch die Einsatzumgebung ist anders: Statt auf Straßen und Plätzen ist sie auf Flüssen, Kanälen, Baggerlöchern, Seen und in Häfen unterwegs. 900 Kilometer Wasserstraßen überwacht die Wasserschutzpolizei in NRW – das ist etwa die Strecke von Köln nach Wien. Die Polizei Köln hat keine eigene Wasserschutzpolizei, stattdessen ist die Polizei Duisburg in NRW auf allen Gewässern unterwegs. Im Kölner Gebiet regelt die Wasserschutzpolizei den Schiffsverkehr. Schließlich gibt es auf dem Wasser keine Ampeln und Verkehrsschilder. Die Beamten überprüfen auch, ob die Wasserfahrzeuge in gutem Zustand sind und die Ausrüstung an Bord komplett ist. Manchmal müssen sie sogar nach bestimmten Personen oder Sachen auf den Booten fahnden. Auch für den Umweltschutz ist die Arbeit der Wasserschutzpolizei wichtig. Denn sie kontrolliert Schiffe auf gefährliche Ladung.

Fliegerstaffel und Landesreiterstaffel

Bei bestimmten Einsätzen ist die Polizei Köln auf Unterstützung aus der Luft oder auf imposante Vierbeiner angewiesen. In solchen Situationen stehen die Hubschrauber der Polizeifliegerstaffel und die Pferde der Landesreiterstaffel zur Verfügung. Beide sind für das gesamte Bundesland Nordrhein-Westfalen zuständig. Welche typischen Aufgaben sie für die Polizei Köln übernehmen, erfährst Du auf den Seiten 40/41 und 44/45.

„Schon als kleines Mädchen fand ich Pferde toll. Es ist total schön, dass ich jetzt Hobby und Beruf miteinander verbinden kann. Das Pferd ist für mich ein Team-Partner, auf den ich mich immer verlassen kann. In brenzligen Situationen ist das sehr wichtig. Außerdem freuen sich die meisten Menschen, wenn sie uns im Einsatz begegnen. Sie dürfen das Pferd dann auch mal streicheln."

Janina Brennemann,
Polizeikommissarin, Landesreiterstaffel

FÜR SICHERHEIT & ORDNUNG

110 Prozent Konzentration

Sie ist die Schaltzentrale der Polizei: die Leitstelle in Köln-Kalk. Hier kommen die Notrufe der Bürger an und hier entscheiden die Mitarbeiter in Windeseile, welche und wie viele Kräfte sie zum Einsatzort schicken.

Immer erreichbar

110: Diese Telefonnummer solltest Du Dir unbedingt merken. Wenn Dir oder jemandem in Deinem Umfeld etwas passiert ist, wählst Du die 110 und bist direkt mit der Leitstelle der Polizei Köln verbunden – egal ob Du von einem Ort in der Domstadt, aus Leverkusen oder von der Autobahn anrufst. Du schilderst dem Mitarbeiter in der Leitstelle einfach so genau wie möglich, was geschehen ist. Klar bist Du in einer solchen Situation aufgeregt. Aber der Polizist kann sich gut in Deine Lage hineinversetzen. Er weiß, wie er Dich beruhigen kann, und fragt nach, wenn ihm noch wichtige Informationen fehlen.

Schnelle Hilfe

Du kannst Dir die Leitstelle als Schaltzentrale vorstellen: In einem großen Raum sitzen viele Polizisten vor noch mehr Monitoren und bearbeiten die eingehenden Notrufe. Der Mitarbeiter in der Leitstelle erkundigt sich ganz genau nach der Situation des Anrufers. Auf drei Bildschirmen hat er alle wichtigen Informationen im Blick: eine Straßenkarte, verfügbare Einsatzwagen und eine Liste aller aktuellen Einsätze. Er sieht sofort, welche Streifenwagenbesatzung frei ist, und kann sie zum Einsatzort schicken. Ebenso alarmiert er, falls nötig, die Feuerwehr und einen Rettungswagen.

Sieben Ws

Schnelligkeit kann Leben retten. Damit die Polizei rasch reagieren kann, ist es wichtig, dass der Mitarbeiter in der Leitstelle vom Anrufer direkt alle wesentlichen Informationen erhält:

Wie ist Dein Name?
Was ist passiert?
Wo ist es passiert?
Wann ist es passiert?
Wie ist es passiert?
Warum ist es passiert?
Wer ist beteiligt?

Verkehrsunfall, Diebstahl, Einbruch ... Die Arbeit auf der Leitstelle ist ziemlich spannend. Die Polizisten wissen zu Beginn ihrer Arbeitsschicht nie, mit welchen Notsituationen sie es zu tun haben werden.

„Sobald ein Notruf bei uns eingeht, versuchen wir innerhalb weniger Minuten alle wichtigen Infos von dem Anrufer zu bekommen. Dafür brauchen wir jede Menge Fingerspitzengefühl und Einfühlungsvermögen."

Dirk Weber,
Polizeihauptkommissar in der Leitstelle

WELTMEISTERWISSEN

Auf der Leitstelle arbeiten rund 80 Menschen. Sie teilen sich auf in einen Früh-, Spät- und Nachtdienst. Schließlich muss die Leitstelle rund um die Uhr besetzt sein. Über 1000 Notrufe bearbeiten die Mitarbeiter in Köln-Kalk täglich – an Wochenenden passiert mehr als an Werktagen, an Feiertagen mehr als an normalen Tagen. Während der Karnevalstage zum Beispiel kommen Menschen aus ganz Deutschland und sogar aus dem Ausland nach Köln. Da ist ganz schön viel los in der Stadt, und die Polizei wird oft gerufen, um zu helfen.

Tour de Cologne

950 Fahrzeuge sind in der ganzen Stadt für die Polizei im Einsatz. Einige von ihnen siehst Du fast jeden Tag durch die Straßen kurven. Andere gehen nur zu besonderen Anlässen an den Start. Sechs PS-starke Steckbriefe:

Lautsprecherkraftwagen

Typ: Mercedes Benz M017
PS: 155
Höchstgeschwindigkeit: 122 km/h
Einsätze: Demonstrationen, Fußballspiele, Veranstaltungen, Suche nach Vermissten, wenn die Polizei die Bürger durch Lautsprecherdurchsagen auf wichtige Dinge aufmerksam machen möchte.
Besondere Merkmale: 2 LED-Schrifttafeln, die die Lautsprecherdurchsagen unterstützen.

Sonderwagen

Typ: Unimog/Mercedes Benz
PS: 168
Höchstgeschwindigkeit: 96 km/h
Einsätze: Die Sonderwagen können ★ Barrikaden beseitigen und Fahrzeuge bergen. Sie unterstützen die Polizisten auch bei der Arbeit, wenn Einsatzstellen mit extra starken Scheinwerfern ausgeleuchtet werden müssen.
Besondere Merkmale: Räumschild, Seilwinde, Flutlichtscheinwerfer, schusssichere ★ Karosserie

Motorrad

Typ: BMW R1200 RT und BMW F650 GS
PS: 125
Höchstgeschwindigkeit: ca. 200 km/h
Einsätze: Streifendienst, Verkehrsunfall, Einbruch, Diebstahl
Besondere Merkmale: digitale Funktechnik, ★ fluoreszierende Folie auf der ★ Karosserie und Anhalte-Signalgeber an der Frontverkleidung. Darauf sehen vorausfahrende Fahrzeuge das Signal „Stopp Polizei", Fahrzeuge, die hinter dem Motorrad unterwegs sind, sehen das Signal „Bitte folgen" oder „Stopp Polizei".

Wasserwerfer

Typ: Mercedes Actros
PS: 390
Höchstgeschwindigkeit: 115 km/h
Einsätze: Dieses Spezialfahrzeug hilft beim Sichern von Gebäuden und Polizei-Absperrungen, bei der Abwehr gewalttätiger Störer, beim Räumen und Freihalten von Straßen oder Plätzen, bei der Vorbereitung eines Zugriffs, aber auch bei der Brandbekämpfung und Trinkwasserversorgung.
Besondere Merkmale: 10 000 Liter Wasser passen in dieses Fahrzeug. 15 Minuten dauert es, bis sein Wassertank aufgefüllt ist. Bei voller Kraft ist sein Tank innerhalb von drei Minuten wieder leer.

Unfallaufnahmefahrzeug

Typ: Mercedes Sprinter 315 CDi und VW T 5-Transporter
PS: 150
Höchstgeschwindigkeit: 160 km/h
Einsätze: schwere Verkehrsunfälle, bei denen Menschen verletzt oder sogar getötet wurden.
Besondere Merkmale: ★ **Bordstromaggregat**, drehbarer Beifahrersitz, um Menschen vernehmen zu können, Schreibtisch, Computerzugang zum Polizeinetz und Internet. Das Teleskopstativ mit eigener Kamera, Bodenmonitor und Fernbedienung benutzen die Beamten, um Übersichtsbilder des Unfalls anzufertigen. Mit dem sogenannten Tachymeter vermessen sie die Unfallstelle. Ein Lichtstab ermöglicht dem Unfallaufnahme-Team, jeden Unfallort zu beleuchten.

Funkstreifenwagen

Typ: BMW 3er-Modellreihe Touring in der Stadt, BMW 5er-Modellreihe auf der Autobahn
PS: 150 in der Stadt, 190 auf der Autobahn
Höchstgeschwindigkeit: 210 km/h in der Stadt (0 auf 100: 8,8 Sekunden), 226 km/h auf der Autobahn (0 auf 100: 8 Sekunden)
Einsätze: Verkehrsunfall, Einbruch, Diebstahl
Besondere Merkmale: ★ **fluoreszierende Folie** auf der Außenkarosserie, digitale Funktechnik, 6,5-Zoll-Farbmonitor mit Rückfahrkamera, die auf einem Monitor den Bereich hinter dem Fahrzeug anzeigt und dem Fahrer das Einparken und Rückwärtsfahren erleichtert.

WELTMEISTERWISSEN ★

Manche Pkw-Fahrer verwechseln die Autobahn mit einer Rennstrecke. Damit die Autobahnpolizei diese Raser verfolgen und stoppen kann, braucht sie besonders schnelle und besonders ausgerüstete Fahrzeuge – zum Beispiel mit Reifen, die nicht kaputtgehen können, den Runflat-Reifen. 3,4 Millionen Kilometer legt die Autobahnpolizei pro Jahr mit ihren Dienstfahrzeugen zurück – das ist etwa so viel wie 85 Mal die Erde zu umkreisen.

IM EINSATZ

Wenn es kracht

60 000 Verkehrsunfälle passieren pro Jahr in Köln, Leverkusen und auf den Autobahnen rund um die beiden Städte. Auf diesen Seiten erfährst Du, wie das VU-Team und andere Experten den Verletzten helfen und herausfinden, warum der Crash passiert ist.

Wenn keine Menschen verletzt, sondern nur Fahrzeuge beschädigt wurden, macht sich der Streifenwagen ohne Blaulicht und ★ **Martinshorn** auf zum Einsatzort. Dort vergewissern sich die Beamten zuerst, dass tatsächlich alle Beteiligten wohlauf sind. Danach räumen sie die Unfallstelle, notieren wichtige Informationen und Zeugenaussagen und zeichnen Skizzen. Derjenige, der den Unfall verursacht hat, muss ein Verwarnungsgeld bezahlen. Das ist die Strafe dafür, dass er unaufmerksam war oder eine Verkehrsregel nicht beachtet hat und es dadurch zum Unfall gekommen ist.

Ganz anders ist der Ablauf, wenn bei einem Verkehrsunfall Menschen verletzt wurden:

1

Die Leitstelle alarmiert die Polizei und den Rettungsdienst, der sich um die Verletzten kümmern soll. Weil die Menschen am Einsatzort schnell die Hilfe der Rettungskräfte benötigen, flitzen Streifenwagen und Rettungswagen mit Blaulicht und Martinshorn zur Unfallstelle.

2

Das Verkehrsunfallaufnahmeteam (VU-Team) beginnt seine Arbeit. Diese Spezialisten setzt die Polizei Köln gerade dann ein, wenn Menschen schwer verletzt oder sogar getötet wurden oder aber, wenn derjenige, der an dem Unfall Schuld war, geflüchtet ist. Das VU-Team – also Technische Zeichner, Vermesser und Kraftfahrzeugtechniker – sucht und sichert die Unfallspuren, um herauszufinden, wie der Unfall abgelaufen ist.

3 Die Polizisten sichern die Unfallstelle ab. Danach markieren sie mit bunter Sprühfarbe und Kreide die Positionen der beteiligten Autos und die Unfallspuren auf dem Asphalt. Denn es ist wichtig festzuhalten, wo genau es gekracht hat und wie die Autos zu dem Zeitpunkt standen. Auch abgefallene Autoteile werden mit Sprühfarbe eingekreist – mit modernster Computertechnik kann die Polizei dann nachvollziehen, wie es zu dem Unfall gekommen ist.

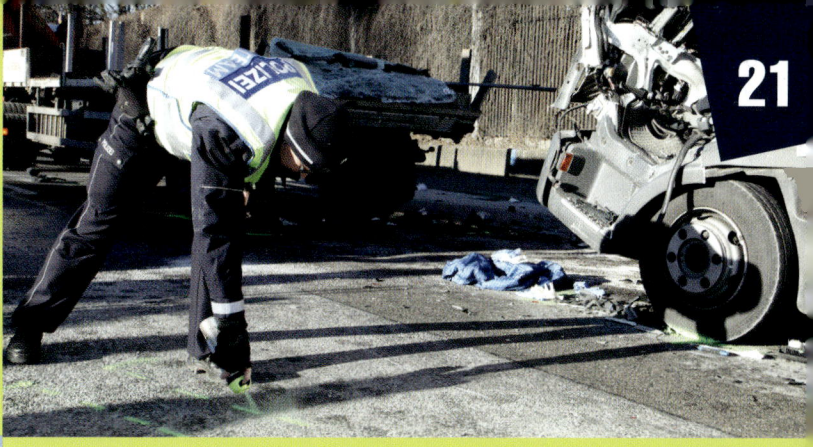

4 Ein Polizist fotografiert alle Details der Unfallsituation, jede Einzelheit muss ★ **gerichtsfest** dokumentiert werden. Manchmal fordert die Polizei auch Unterstützung aus der Luft an – der Hubschrauber bietet gute Übersichtsaufnahmen.

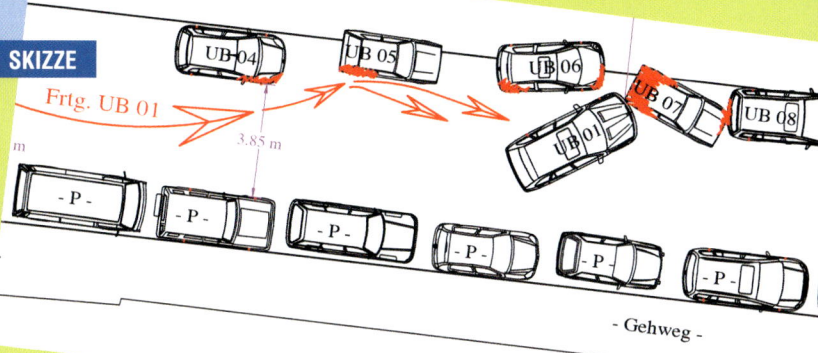

5 Jetzt heißt es, die Unfallstelle aufzuräumen, damit alle Fahrzeuge so schnell wie möglich wieder dort entlang fahren können: Beschädigte Autos werden abgeschleppt, die Unfallstelle wird gefegt und wieder für den Verkehr freigegeben. Nach dem Einsatz erstellen die Polizisten anhand der Fotos eine **SKIZZE**, die alle Details genau wiedergibt. Daran können sie zum Beispiel feststellen, ob jemand zu schnell gefahren ist und dadurch den Unfall verursacht hat. Und schließlich ganz wichtig: Viele Unfallopfer erleiden einen Schock und es hilft ihnen, über ihre Erlebnisse zu sprechen. Das übernimmt der sogenannte Opferschutz der Polizei Köln.

Blaulicht & Sirene – So verhältst Du Dich richtig

Wenn Polizei, Feuerwehr oder Rettungswagen mit Blaulicht und Martinshorn fahren, müssen sie in Windeseile zum Einsatzort. Dann dürfen sie auch über rote Ampeln fahren. Alle anderen Verkehrsteilnehmer müssen sofort freie Bahn schaffen: Autofahrer bilden eine Rettungsgasse, fahren also ganz weit nach links oder rechts, damit die Einsatzwagen durch die Mitte brausen können. Fußgänger bleiben an der Ampel stehen, auch wenn sie gerade Grün anzeigt.

Strafe muss sein

Über 570 Kilometer Autobahn führen rund um Köln und Leverkusen. Damit dort möglichst wenige Unfälle passieren, gibt es extra die Autobahnpolizei. Mit Streifenwagen und Motorrädern kontrolliert sie, ob sich alle an die Verkehrsregeln halten. Dabei hat sie verschiedene technische Hilfsmittel wie Videokameras und Messgeräte an Bord, mit denen sie feststellen kann, ob jemand zu rasant unterwegs ist, verbotenerweise überholt oder zu wenig Abstand zu anderen Fahrzeugen hält. Wer erwischt wird, muss eine Geldstrafe bezahlen und vielleicht sogar seinen Führerschein für eine gewisse Zeit abgeben.

Viele Menschen – viele Meinungen

Das kennst Du bestimmt aus Deiner Familie: Nicht immer sind sich alle bei einem Thema einig, und jeder versucht seinen Standpunkt durchzusetzen. Deine Eltern zum Beispiel finden, dass eine halbe Stunde Fernsehen für Dich ausreichend ist. Das Problem: Deine Lieblingsfernsehserie dauert länger. Also versuchst Du, den Erwachsenen klarzumachen, warum die TV-Zeit unbedingt verlängert werden muss. So ähnlich verhält sich das auch mit den Demonstrationen …

Gemeinsam für eine Sache

Ganz korrekt ausgedrückt sind Demonstrationen Versammlungen. Denn hier treffen sich viele Menschen, um für eine bestimmte Sache einzustehen. Das Recht auf friedliche Meinungsäußerung bei einer Versammlung ist eines der höchsten Güter, die es in Deutschland gibt. Aufgeschrieben ist das im Grundgesetz – hier stehen alle Regeln und Rechte der Bürger in Deutschland. Es gehört zu den Aufgaben der Polizei, dafür zu sorgen, dass jeder dieses Recht wahrnehmen kann.

Nur mit Anmeldung

Immer wenn sich Menschen entschließen, auf einem Platz oder einer Straße eine Versammlung abzuhalten, müssen sie das bei der Polizei anmelden. Dafür füllen sie ein ★ **Formular** aus, in dem steht, wie viele Menschen teilnehmen werden, zu welchem Thema sie sich versammeln und wer die Versammlung leitet. Die Polizei spricht vorher mit dem Leiter über den Ort der Demonstration oder über den Weg, den die Menschen gehen möchten. Die Polizei kann auch Regeln bestimmen, die für den Schutz aller Beteiligten – vor allem der Anwohner – sorgen. Eine Regel kann zum Beispiel sein, dass der Lautstärkepegel von Redebeiträgen oder Musik eine bestimmte Höhe nicht übersteigen darf, oder bestimmte Fahnen nicht gezeigt werden dürfen. Die Polizei darf eine Veranstaltung beenden, wenn die Teilnehmer die Regeln missachten.

Dafür und dagegen

In Köln gibt es jede Woche mehrere Demonstrationen. Manchmal finden gleichzeitig Gegendemonstrationen statt. Das kannst Du Dir so vorstellen: Auf dem Heumarkt demonstrieren Bürger dafür, dass die Kölner Schüler in zwölf Jahren ihr Abitur machen, während sich auf dem Rudolfplatz Menschen versammeln, die finden, dass Schüler erst nach 13 Jahren Abi machen sollten. Beide Veranstaltungen laufen friedlich ab. Allerdings: Manchmal gibt es auch Versammlungen von Meinungsgegnern, die auf Krawall aus sind. Die Polizei muss dann dafür sorgen, dass die Menschen mit unterschiedlichen Ansichten und gewalttätigen Absichten nicht aufeinandertreffen.

In Ausnahmefällen

Wenn aggressive Demonstranten mit ihren Gewalttaten gegen Menschen oder Gegenstände nicht aufhören, spricht die Polizei zunächst mit ihnen. Zeigen sie sich nicht kooperativ, greift die Polizei ein – im Notfall kommt der **WASSERWERFER** zum Einsatz. Mit hohem Druck schießt das Wasser aus einer Düse – für Menschen ist die Begegnung mit diesem harten Wasserstrahl sehr unangenehm. Deshalb versucht die Polizei zunächst immer, eine friedliche Lösung mit den Demonstranten zu finden. Meistens hilft diese versöhnliche Taktik, sodass der Wasserwerfer erst gar nicht zum Zug kommen muss.

WASSERWERFER

Gut gewappnet

Damit Polizisten bei gewalttätigen Aktionen nicht verletzt werden, tragen sie unter ihrer Uniform eine besondere Schutzkleidung: Der Oberkörper ist wie bei einer Schildkröte gepanzert – aber anders als bei diesem Tier sind auch Arme und Beine geschützt. Um Kopf und Gesicht nicht zu verletzen, tragen die Polizisten einen Helm mit Visier. Bei Versammlungen ist häufig auch die Bereitschaftspolizei im Einsatz. Du erkennst sie an ihrer dunklen Uniform, die in der Polizei-Fachsprache „Einsatzanzug" heißt. Mit seinen besonderen Fasern schützt er die Polizisten auch vor Feuer-Angriffen.

Mit dem Schild schützen sich die Polizisten vor Gegenständen, die auf sie geworfen werden. Außerdem sind sie damit gegen Angriffe gewalttätiger Menschen gewappnet.

Taktik & Teamarbeit

Jetzt geht´s nach Müngersdorf, ins RheinEnergie-Stadion. Denn während die Kicker des 1. FC Köln auf dem Platz alles geben, sorgt die Polizei abseits des Spielfelds für Fairplay unter den Fans.

Mannschaftsaufstellung

Bei allen Heimspielen des 1. FC Köln ist auch die Polizei mit von der Partie: Teams der Bereitschaftspolizei, der Reiter- und der Hundestaffel passen auf, dass vor, während und nach dem Spiel alles glatt läuft. Sie sorgen für die Sicherheit der Spieler und der Zuschauer, indem sie unter anderem verhindern, dass es zu Ausschreitungen zwischen einzelnen Fangruppen kommt – ganz besonders, wenn ein „Derby" ansteht. Wenn also zum Beispiel Bayer 04 Leverkusen gegen die Geißbock-Elf spielt. Solche Spiele werden von besonders vielen Polizisten begleitet. Bereits bei der Anreise haben die Beamten ein wachsames Auge auf die Fans. Manche Anhänger begleiten sie sogar auf dem Weg vom Bus oder der Straßenbahnhaltestelle ins Innere des Stadions.

Die Regisseure

Im Stadion – genauer im Logenbereich Ost – gibt es einen besonderen Bereich: die Befehlsstelle der Polizei Köln. Wer von hier aus durch die großen Glasscheiben schaut, hat den perfekten Blick auf das Spielfeld und die Tribünen. Aber die Polizisten, die hier arbeiten, haben keine Zeit, um Spielzüge, Freistöße oder Tore zu verfolgen. Die Beamten beobachten stattdessen konzentriert das Geschehen rund um das Spiel und erteilen – wenn nötig – Einsatzbefehle an die Kollegen, die im und am Stadion unterwegs sind.

Rote Karte

Die Gastmannschaft liegt zurück – eine Situation, in der manche Fans wütend werden. So wütend, dass sie extra einen Streit mit anderen Fans provozieren. Damit es nicht so weit kommt, werden die unterschiedlichen Fan-Gruppierungen auseinander gehalten. Im Stadion stehen und sitzen sie weit voneinander entfernt. Manche Fußballanhänger halten sich nicht an die geltenden Regeln und zünden zum Beispiel verbotene ★ Pyrotechnik. Zahlreiche Kameras halten das Geschehen im Stadion fest, sodass die Polizei solche Störenfriede schnell identifizieren kann. Streitigkeiten unter Fans sind oft ein Fall für die szenekundigen Beamten, kurz SKB. Diese Polizisten sind wie ganz normale Fans gekleidet. Sie halten sich bei den Besuchern auf, die dafür bekannt sind, dass sie häufig in Schlägereien verwickelt sind. Wenn es brenzlig wird, greifen die SKB ein. Natürlich tragen diese Beamten während des Dienstes, wie jeder andere Polizist auch, eine Waffe.

Nachwuchsarbeit

„FC Kids unterwegs mit der Polizei" – so heißt ein gemeinsames Projekt des 1. FC Köln und der Polizei Köln. Dabei erhalten junge FC-Mitglieder die Möglichkeit, die Arbeit der Polizei während eines Spieltages kennenzulernen. Sie besuchen die Befehlsstelle und erfahren, was zur Schutzausrüstung eines Bereitschaftspolizisten gehört. Auch Probesitzen auf den Spielerbänken und ein Blick in die Kabinen gehören zu dieser exklusiven Stadionführung. Während einer nachgespielten Pressekonferenz können die Kinder und Jugendlichen einem Polizei-Einsatzleiter Löcher in den Bauch fragen, bevor es dann für alle pünktlich zum Spielbeginn ins Stadion geht.

„Wenn das Spiel losgeht, gilt es, besonders aufmerksam zu sein. Wir haben ★ Fanbanner mit verbotenen Sätzen oder Zeichen im Blick. Ebenso wie gewalttätige Auseinandersetzungen oder Fans, die ihr Umfeld zu verbotenen Aktionen auffordern. In solchen Fällen schreiten wir konsequent ein. Als Einsatzleiter muss ich sehr konzentriert arbeiten und schnell viele verschiedene Entscheidungen treffen."

Volker Lange,
Polizeioberrat und Einsatzleiter
bei Fußballspielen

Den Beamten der Befehlsstelle entgeht nichts: Auf zahlreichen Monitoren haben sie jede Ecke im Stadion und die angrenzende Fläche rund um die Arena im Blick. Sehen sie zum Beispiel eine Rangelei zwischen Fußballfans auf der Stadion-Vorwiese, können sie sofort handeln und ihre Kollegen dort hinschicken, um die angespannte Situation aufzulösen.

Im Ausnahmezustand

Jedes Jahr von Weiberfastnacht bis Aschermittwoch steht ganz Köln Kopf. Tausende Menschen aus anderen Städten und Ländern strömen nach Köln, um gemeinsam mit den kölschen Jecken zu feiern, zu schunkeln und zu singen. Für die Ordnungshüter bedeutet die Karnevalszeit: jede Menge Arbeit!

Pläne schmieden

Auf so ein großes Ereignis wie den Karneval muss sich die Polizei sehr gut vorbereiten. Schon viele Monate vor dem Beginn des Straßenkarnevals erarbeitet sie gemeinsam mit dem ★ **Festkomitee Kölner Karneval** und Mitarbeitern der Stadt ein Sicherheitskonzept für die tollen Tage. Das ist eine Art Plan, der festlegt, wie die Polizisten zum Beispiel die acht Kilometer lange Strecke des Rosenmontagszugs gut schützen können oder wie sie friedlich feiernde Jecken vor Störenfrieden schützen. Zu diesem Sicherheitskonzept gehören auch die Barrieren aus Beton oder Fahrzeugen. Sie sollen große Lastwagen, die nicht zu den Anlieferfahrzeugen mit Wurfmaterial gehören, vom Zugweg fernhalten. Denn sicherlich hast Du auch schon gehört, dass in einigen europäischen Städten ★ **Terroristen** mit Fahrzeugen in Menschenmengen gerast sind und dabei viele Menschen verletzt oder sogar getötet haben. Deshalb ist es eine wichtige Aufgabe der Polizei, dafür zu sorgen, dass sich die Bürger in ihrer Stadt sicher fühlen und zum Beispiel an Karneval ausgelassen feiern können.

Vorne weg

Wenn Du den Rosenmontagszug in Köln oder Leverkusen verfolgst, kannst Du die Polizei nicht übersehen. Denn Beamte, die von Polizeibullis begleitet werden, führen den Zug in beiden Städten an. Auf diese Weise hält die Polizei den Weg frei für die zahlreichen schön geschmückten Mottowagen und bestimmt gleichzeitig das Tempo des Zuges. Die Studenten der Polizei Köln freuen sich ganz besonders auf Karneval. Sie unterstützen ihre erfahrenen Kollegen im Fastelovend und sichern die Zugwege der Schull- un Veedelszöch oder des Rosenmontagszuges ab. Allerdings erst, wenn sie im letzten Studienjahr sind. Denn dann haben sie schon viel über den Polizeiberuf gelernt, bereits einige Einsätze begleitet und dabei erste eigene Erfahrungen sammeln können.

Wachsam sein

Während der Karnevalstage meinen viele Straftäter, sie könnten in Köln schnelle Beute machen. Aber: Taschendiebe, Einbrecher & Co. haben von Weiberfastnacht bis Aschermittwoch alles andere als leichtes Spiel. Denn schon Wochen vorher machen die Polizei und die Stadt Köln mit Plakaten und ★ **Kampagne** auf mögliche gefährliche Situationen aufmerksam. Mit der großen Zahl an Einsatzkräften, die an den tollen Tagen im Dienst ist, gelingt es der Polizei, Straftäter rasch zu ermitteln oder Straftaten gleich zu verhindern. Die Beobachtung bestimmter Plätze mit Videokameras hilft den Beamten bei ihrer Arbeit. Und: Beliebte Bereiche werden besonders hell ausgeleuchtet, damit sich die Jecken hier sicherer fühlen können.

WELTMEISTERWISSEN ★

Wenn Du an Rosenmontag in Köln unterwegs bist, dann schau Dir einmal die Uniform der Polizisten ganz genau an. Ein besonderes Schmuckstück ziert an diesem Tag die Dienstjacken der Kölner Ordnungshüter: ein Orden mit der Aufschrift „Kölsche Polizei" und dem aktuellen Sessionsmotto. Für die Polizisten ist es eine besondere Ehre, diesen bunten Anstecker zu tragen. Und auch bei den Jecken ist er sehr begehrt – mit allerlei Überredungskünsten versuchen sie, in den Besitz eines solchen Ordens zu kommen. Aber: keine Chance!

AUF DER WACHE

Wo bewahren die Polizisten ihre Waffe auf?

Was gehört zur Ausrüstung eines Streifenpolizisten?

Wie viele Liter Wasser passen in den Tank eines Wasserwerfers?

Was ist im Kofferraum der Streifenwagen verstaut?

AUF DER WACHE

Immer einsatzbereit

Der Arbeitsplatz der Streifenpolizisten ist die Polizeiwache. Hier starten sie zu ihren Einsätzen, sprechen mit Hilfesuchenden und halten über Funk Kontakt zu den Kollegen, die gerade im Einsatz sind.

Rund um die Uhr

In Köln und Leverkusen kümmern sich sieben Polizeiinspektionen um die Sicherheit und Ordnung in den beiden Städten. Jede Inspektion hat zwei Polizeiwachen, die für ihre Stadtteile zuständig sind. Egal ob Du tagsüber, mitten in der Nacht, an Weihnachten oder Ostern eine Wache aufsuchen musst: Du wirst niemals vor verschlossenen Türen stehen. Denn eine Polizeiwache ist an jedem Tag im Jahr rund um die Uhr besetzt. Das funktioniert, weil die Polizisten im Früh-, Spät- und Nachtdienst arbeiten. Ein Polizist löst immer den anderen ab.

Zusammenspiel

Wie bei einer Fußballmannschaft sind auf der Wache verschiedene Positionen besetzt. Chef der Wache ist der Wachleiter. Das ist immer ein Polizist, der schon viel Erfahrung gesammelt hat und deshalb seinen Mitarbeitern mit Rat und Tat zur Seite stehen kann. Der Dienstgruppenleiter kontrolliert die Vorgänge auf der Wache und trifft bei komplizierten Einsätzen wichtige Entscheidungen. Sein Stellvertreter ist der Wachdienstführer. Er sorgt dafür, dass der Betrieb in der Wache reibungslos abläuft. Und: Er ist Ansprechpartner für die Bürger, die eine ★ Anzeige erstatten wollen, weil ein Dieb ihnen zum Beispiel das Fahrrad gestohlen hat. Andere geben ein gefundenes Portemonnaie ab oder fragen nach dem Weg. Auch für Hundebesitzer, deren Vierbeiner Reißaus genommen haben, ist die Polizeiwache eine Anlaufstelle. Die Kölner Streifenpolizisten unterstützen Suchaktionen nach Hunden, die den Weg nach Hause nicht mehr selbstständig finden.

WELTMEISTERWISSEN ★

Die Polizeiinspektion Mitte (PI 1) ist für die kleinste Fläche des Kölner Stadtgebiets zuständig: den Bereich Rhein und Ringe. Dann haben die Mitarbeiter dort ja einen vergleichsweise gemütlichen Arbeitsalltag, denkst Du jetzt vielleicht. Ganz im Gegenteil! Denn in diesem Bereich finden insgesamt rund ein Fünftel aller Einsätze der Polizei Köln statt. Warum? Das ist ganz einfach zu erklären: Zum Gebiet der PI 1 gehören der Hauptbahnhof, der Kölner Dom und die Ringe – alles Orte, die besonders am Wochenende viele Menschen anziehen. Rund um den Dom und den Hauptbahnhof finden außerdem sehr oft Demonstrationen und Veranstaltungen statt.

In Verbindung

Der Funker ist Ansprechpartner für die Streifenteams seines Polizeibezirks. Egal ob Einbruch, Unfall oder Streitigkeiten – er koordiniert die Einsätze und sorgt dafür, dass die Streifenteams schnell dort sind, wo sie gebraucht werden. Wenn die Teams unterwegs sind, versorgt er sie über Funk mit wichtigen Infos, die er in den Computerprogrammen der Polizei sehen kann. Dazu gehören Auskünfte über den Besitzer eines Autos oder Hinweise, ob gegen eine Person schon eine Anzeige vorliegt oder sie sogar mit einem Haftbefehl gesucht wird.

Unter Verschluss

Die Polizisten nehmen ihre Waffe nach der Schicht natürlich nicht mit nach Hause, um sie in irgendeiner Schublade ungesichert aufzubewahren! Stattdessen gibt es auf jeder Wache eine Waffenkammer. Bevor die Polizisten nach Hause gehen, schließen sie ihre Pistole ein und holen sie vor ihrer nächsten Schicht wieder aus der Waffenkammer heraus. Denn es ist äußerst wichtig, dass die Waffen der Polizisten sicher gelagert werden, damit niemand sie für gefährliche Zwecke missbraucht.

14 Wachen gibt es in Köln. Von hier aus machen sich immer mindestens zwei Polizisten in einem Streifenwagen auf zu Einsätzen oder gehen auf Streife. Manchmal begleitet sie der sogenannte dritte Mann. Das ist ein Kollege, der sich noch in der Ausbildung befindet.

AUF DER WACHE

Für alle Fälle

Seit 2009 tragen Polizisten in Nordrhein-Westfalen alle die gleiche blaue Uniform. Je nachdem, welche Einsätze sie meistern, kommen weitere Kleidungsstücke zu dieser Grundausstattung hinzu. Was genau zur Ausrüstung eines Polizisten gehört, zeigen wir Dir hier.

Die Anzahl der Sterne auf den Schulterklappen verrät, in welcher Position der Polizist ist – Daria hat einen Stern, das bedeutet, sie ist Kommissarin.

Auf Darias linkem Oberarm erkennst Du das Wappen von Nordrhein-Westfalen.

Von Kopf bis Fuß: die Streifenpolizistin

Daria trägt die typische Dienstkleidung der Kölner Streifenpolizisten: Schirmmütze, Diensthemd mit Krawatte, darüber entweder Pullover, Jacke oder Parka und eine Uniformhose sowie wetterfeste Schuhe. Am Gürtel der Polizisten sind allerlei Arbeitsgegenstände befestigt, damit sie im Einsatz schnell griffbereit sind.

AUF DER WACHE

Das muss mit!

Anhaltestab, Brechstange, Feuerlöscher … Die Polizisten brauchen für ihre Arbeit jede Menge Hilfsmittel. Hier siehst Du, was alles im Streifenwagen verstaut ist.

Alles an Bord: der Streifenwagen

Bei einem Verkehrsunfall ist schnelles Handeln lebenswichtig. Deshalb sind im Streifenwagen jede Menge Hilfsmittel griffbereit verstaut. Zu Beginn jeder Dienstschicht überprüft die Streifenwagenbesatzung, ob alle ihre Arbeitsgeräte vorhanden sind und ob zum Beispiel der Feuerlöscher einwandfrei funktioniert. Dabei hilft ihnen eine Checkliste.

WARNWESTE

LEITKEGEL

Unfallstellen lassen sich mit Leitkegeln und Nissenleuchten absichern.

NISSENLEUCHTE

Den Feuerlöscher brauchen die Einsatzkräfte, weil etwa nach einem Verkehrsunfall Fahrzeuge leicht in Flammen aufgehen.

FEUERLÖSCHER

BRECHSTANGE

Mit dem Längenmessrad vermessen Polizisten Strecken auf dem Boden an Tatorten, um hinterher Skizzen zu zeichnen.

LÄNGENMESSRAD

ZOLLSTOCK

Mit seinem roten Licht signalisiert der Anhaltestab „sofort anhalten" – auch wenn gleichzeitig eine Ampel „Grün" zeigt.

BESEN

Der Zollstock ist ein gutes Hilfsmittel, um schnell etwas zu messen – wie den Abstand zweier Fahrzeuge nach einem Verkehrsunfall.

ANHALTESTAB

Das Testgerät misst den Alkoholgehalt im Atem eines Menschen.

ABSPERRBAND

ALKOHOLTESTGERÄT

WELTMEISTERWISSEN ★

Die Streifenwagen der Polizei Köln sind neben dem ★ **Martinshorn** auch noch mit einem weiteren Ton ausgerüstet. Er klingt so ähnlich wie die Polizeisirenen in den USA. Diesen sogenannten Yelp-Ton setzen die Polizisten aber nur ein, um ein vorausfahrendes Fahrzeug zum Anhalten zu bewegen. 130 Streifenwagen besitzt die Polizei Köln. Ein einziger legt in Köln pro Jahr 30 000 Kilometer zurück – das ist etwa so viel wie 3 Mal die Strecke von Köln nach Tokio.

Warum arbeiten auch **Tiere** bei der Polizei?

Bei welchen Einsätzen sind **Hubschrauber** im Dienst?

Wer sind **MEK**, **TEG** und **SEK**?

Warum **tauchen** manche Polizisten immer mal wieder ab?

DIE SPEZIALISTEN

DIE SPEZIALISTEN

Einsatz unter Wasser

Jetzt tauchen wir einfach mal ab. Denn die Polizei sucht nicht nur in Straßen oder Gebäuden nach vermissten Personen und Diebesgut, sondern auch in Gewässern wie dem Fühlinger See. In solchen Situationen sind die Spezialisten mit den Pressluftflaschen und Neoprenanzügen gefragt.

Teamarbeit

Ein Polizeitaucher bewältigt einen Einsatz niemals alleine, sondern immer in einem Team. Jeder hat eine festgelegte Aufgabe. Chef der Unterwasserspezialisten ist der Tauchergruppenführer. Ihm stehen die eigentlichen Taucher und Taucherhelfer zur Seite. An Land halten sich immer ein Rettungstaucher und ein Taucherrettungssanitäter in Bereitschaft. Sie sind sehr wichtig, denn auch erfahrene Rettungstaucher können sich bei einem Einsatz verletzen.

Das Luftkissen befördert Gegenstände an die Wasseroberfläche.

Suchen, Beweise sichern, bergen

Polizeitaucher spüren unter Wasser Beweismittel auf. Dazu gehören Tatwaffen, wie Messer oder Pistolen, die ein Verbrecher auf der Flucht im Wasser versenkt hat. Auf dem Grund der Kölner Gewässer suchen sie aber auch nach gestohlenen Gegenständen, wie Rucksäcken, Portemonnaies, Tresoren, Fahrrädern und sogar Autos. Manchmal müssen die Unterwasser-Polizisten auch Leichen aufspüren. Das ist natürlich traurig, gehört aber auch zu den Aufgaben eines Polizeitauchers.

Alle an Bord

Ohne Polizeiboot geht bei einem Taucheinsatz gar nichts, denn es transportiert die Spezialisten genau zu der Stelle, an der sie abtauchen müssen. Ein sogenannter Unimog, ein spezielles Geräteträger-Fahrzeug, transportiert das Boot zum Gewässer und lässt es an einer seichten Uferstelle ins Wasser. Mit einem **SONAR** – das ist ein Gerät, das Gegenstände unter Wasser orten kann – sucht das Taucherteam zunächst vom Boot aus das Gewässer ab, bevor das Taucherteam zum Einsatz kommt. Manchmal befinden sich an Bord des Boots auch Leichenspürhunde. Sie können „erschnüffeln", wo sich im schlimmsten Fall ein Toter befindet.

In Verbindung

Über eine Telefonleine ist der Taucher direkt mit einem Kollegen, dem **LEINENFÜHRER**, im Boot oder an Land verbunden. Auf diese Weise kann er ihm sofort durchgeben, wenn er bei seiner Suche unter Wasser erfolgreich war und an welchem Ort er einen Gegenstand gefunden hat. Ebenso wie die „normalen" Polizisten machen auch die Taucher Foto- und Videoaufnahmen vom Fundort und den aufgespürten Gegenständen – natürlich nur bei guter Sicht. Sobald Diebesgut, Tatwaffen & Co. mithilfe von Spanngurten, ★ **Hebeschlaufen** oder ★ **Hebegeschirr** an die Wasseroberfläche manövriert wurden, macht sich das restliche Team daran, die Fundstücke zu bergen und der Kriminalpolizei zu übergeben.

Polizeitaucher brauchen einen guten Tastsinn, weil die Sicht unter Wasser oft sehr schlecht ist. Trotz ihrer dicken Handschuhe können sie ertasten, ob es sich um den Gegenstand handelt, den sie suchen.

WELTMEISTERWISSEN ★

Die Ausbildung zum Taucher dauert 8 Wochen. Im theoretischen Unterricht stehen Tauchphysik, Tauchmedizin und Gerätekunde auf dem Stundenplan. Im praktischen Teil geht es für den Tauchanwärter zunächst ins Schwimmbad, wo er die Grundlagen des Tauchens lernt. Nach einer Zwischenprüfung trainiert er 6 Wochen im Freigewässer. Wenn er danach eine schriftliche, mündliche und praktische Prüfung schafft, darf er sich Polizeitaucher nennen.

DIE SPEZIALISTEN

Die beiden Piloten an Bord steuern den Hubschrauber nicht nur, sie kommunizieren auch über Flug- und Polizeifunk, zum Beispiel mit Rettungskräften an Land.

Die Überflieger

Wenn auf der Autobahn ein schwerer Unfall passiert ist, ein Verbrecher in unübersichtliches Gelände geflüchtet ist oder eine große Demonstration ansteht, dann fordert die Polizei Köln besondere Unterstützung an: die Hubschrauber der Polizeifliegerstaffel.

Blick von oben

Die Hubschrauber der Polizei sind wichtige Einsatzfahrzeuge. Bei Demonstrationen und großen Veranstaltungen unterstützen sie die Aufklärungsarbeit der Polizei. Aus der Vogelperspektive sehen die Piloten genau, wohin sich die Menschen bewegen. Dies geben sie dann über Funk an die Polizisten am Boden weiter. Wenn auf der Autobahn viele Fahrzeuge in einen schweren Unfall verwickelt sind, heben die Senkrechtstarter ebenfalls ab. Denn aus der Luft hat die Besatzung einen perfekten Blick auf das Geschehen und kann Fotos und Videos anfertigen, die den Beamten am Boden bei ihrer Arbeit helfen. Straftäter auf der Flucht müssen damit rechnen, dass sich nicht nur Streifenwagen, sondern auch Hubschrauber an ihre Fersen heften. Auch bei Verbrechen wie ★ **Geiselnahmen** und Entführungen, oder wenn ein Mensch vermisst wird, starten die Polizeihubschrauber zum Suchflug.

Rund 2600 Einsätze meistern die Hubschrauber im Jahr. Innerhalb von 30 Minuten erreichen sie von ihrem Startpunkt aus jeden beliebigen Einsatzort in Nordrhein-Westfalen.

WÄRMEBILDKAMERA

Alle an Bord

Fast 70 Menschen arbeiten bei der Fliegerstaffel in NRW. Dazu gehören 36 Piloten und acht Operatoren. Die Operatoren fertigen während des Flugs Luftbilder an und sind für die Steuerung der Video- und ★ **Wärmebildkamera** zuständig. Wenn eine verletzte Person aus dem Rhein geborgen werden muss, bedienen sie die Seilwinde. Dabei wird ein Polizist an der Winde herabgelassen und nimmt den Verletzten auf.

WELTMEISTERWISSEN ★

Der Rufname des Polizeihubschraubers in NRW ist „Hummel". Diesen Namen gibt es seit der Einführung der Hubschrauber in den 1950er-Jahren – obwohl sich die Modelle der Hubschrauber im Laufe der Jahre immer wieder geändert haben. Sogar bei der 2016 eingeführten H145, einem der modernsten Hubschrauber, die es aktuell auf dem Markt gibt, handelt es sich um eine „Hightech-Hummel".

„Aus der Luft können wir flüchtende Straftäter oder Fahrzeuge sehr gut verfolgen. Wir versorgen die Kollegen am Boden durchgehend mit Standortmeldungen, damit sie mithilfe dieser Informationen ein Gebiet umstellen oder eine Straße sperren können. Auch bei Großereignissen wie Fußballspielen oder Demonstrationen haben wir aus dem Hubschrauber den besten Überblick."

Tim Pittelkow,
Polizeihauptkommissar,
Polizeifliegerstaffel

DIE SPEZIALISTEN

Spürnasen im Dienst

Sie können fliehende Straftäter stellen, vermisste Personen finden oder wertvolle Beweisstücke aufspüren: die vierbeinigen Ermittler der Diensthundeführerstaffel.

Die Polizisten arbeiten und leben mit ihren Vierbeinern. Das bedeutet, sie nehmen ihre Hunde nach der Arbeit mit nach Hause – dort genießen sie dann ihren Feierabend als ganz „normale" Familienhunde.

Viele Talente

Insgesamt 24 Hunde, darunter viele Malinois, arbeiten für die Diensthundeführerstaffel. Malinois gehören zur Familie der Belgischen Schäferhunde und sind echte Sportskanonen. Für den Dienst bei der Polizei sind diese Vierbeiner besonders gut geeignet. Denn die Rasse gilt als sehr wachsam, klug und stark. Und: Malinois lieben es, wenn sie knifflige Aufgaben gestellt bekommen, um diese dann erfolgreich zu lösen.

Echte Profis

Bei der Polizei Köln gibt es jede Menge zu tun für die Profis auf vier Pfoten: Sie sind im Einsatz, wenn die Polizei Sprengstoff, ★ **Rauschgift** oder vermisste Gegenstände sucht. Als Schutzhunde können sie fliehende Straftäter stellen und sind Meister darin, versteckte Beweismittel aufzuspüren. Während eines Fußballspiels, einer Demonstration oder im normalen Streifendienst sorgen sie gemeinsam mit ihren Herrchen oder Frauchen, den sogenannten Diensthundeführern, für Sicherheit und Ordnung.

Guter Riecher

Bevor die Hunde bei der Polizei ihren Dienst antreten, müssen sie natürlich eine Ausbildung absolvieren. In 18 Monaten lernen sie alles, was sie als Schutz- und Spürhund können müssen. Das Aufspüren von Personen gehört zu den schwierigsten Aufgaben für einen Polizeihund. Hierbei muss der vierbeinige Ermittler nämlich die menschliche Witterung aus einer Vielzahl anderer Gerüche herausfiltern. Hunde, die das können, heißen „Man-Trailer". Bei der Polizei Köln gibt es bisher einen Hund, der diese Fähigkeit besitzt – er hat eine längere Ausbildung hinter sich als seine tierischen Kollegen.

„Ich arbeite schon seit vielen Jahren bei der Diensthundestaffel. Hier ist kein Tag wie der andere. Zwischen den Einsätzen arbeiten wir im Team mit unseren Vierbeinern, damit wir immer besser werden. Das macht großen Spaß."

Jan-Florian Hahne,
Polizeioberkommissar und Diensthundeführer

DIE SPEZIALISTEN

Alles unter Kontrolle

Wenn sie auftaucht, verbreitet sie vor allem eines: Respekt. Deshalb sorgt die Landesreiterstaffel besonders rund um die Fußballspiele im RheinEnergie-Stadion und bei großen Demonstrationen dafür, dass alles sicher über die Bühne geht.

Versammlungen, Demonstrationen, Sportveranstaltungen: Überall, wo viele Menschen aufeinandertreffen, sorgen die Teams der Landesreiterstaffel für einen friedlichen Ablauf. Die imposanten Pferde sind unverzichtbar, um Auseinandersetzungen zwischen Menschengruppen, die unterschiedliche Meinungen vertreten, zu verhindern.

WELTMEISTERWISSEN ★

Ein Polizeipferd braucht ungefähr 9 Kilogramm Futter am Tag: Heu, Hafer, Möhren, Gras und Äpfel. Für alle Polizeipferde in Nordrhein-Westfalen kommen allein an Heu 105 120 Kilogramm zusammen. Bis zu 22 Stunden am Tag futtert ein Pferd immer wieder etwas. Deshalb befinden sich am Kopfende der Pferdeanhänger Heugitter, damit den Tieren auch während des Transports nicht der Magen knurrt. Nach manchen Einsätzen bekommen sie sogar ein kleines Zuckerstückchen – als Belohnung.

Klar, ein Polizist, der seine Einsätze hoch zu Ross meistert, muss ein geübter Reiter sein und ein hohes Maß an Einfühlungsvermögen im Umgang mit Pferden besitzen. Außerdem muss er bereits vier Jahre bei der Polizei gearbeitet haben.

Eingespieltes Team

Die Landesreiterstaffel besteht aus 40 Reitern, rund 28 Dienstpferden und vier Ausbildungspferden. Polizist und Pferd können sich jederzeit aufeinander verlassen und einander blind vertrauen. Die Tiere dürfen vor nichts zurückscheuen und nie außer Kontrolle geraten. Damit das gelingt, trainieren Reiter und Pferd regelmäßig. Dabei müssen die Pferde ihre Trittsicherheit und die Reiter ihre Sattelfestigkeit unter Beweis stellen. Nur wer sich beim Üben durch wild geschwenkte Fahnen, rappelnde Blechdosen oder Schussgeräusche nicht aus der Ruhe bringen lässt, ist einsatzfähig.

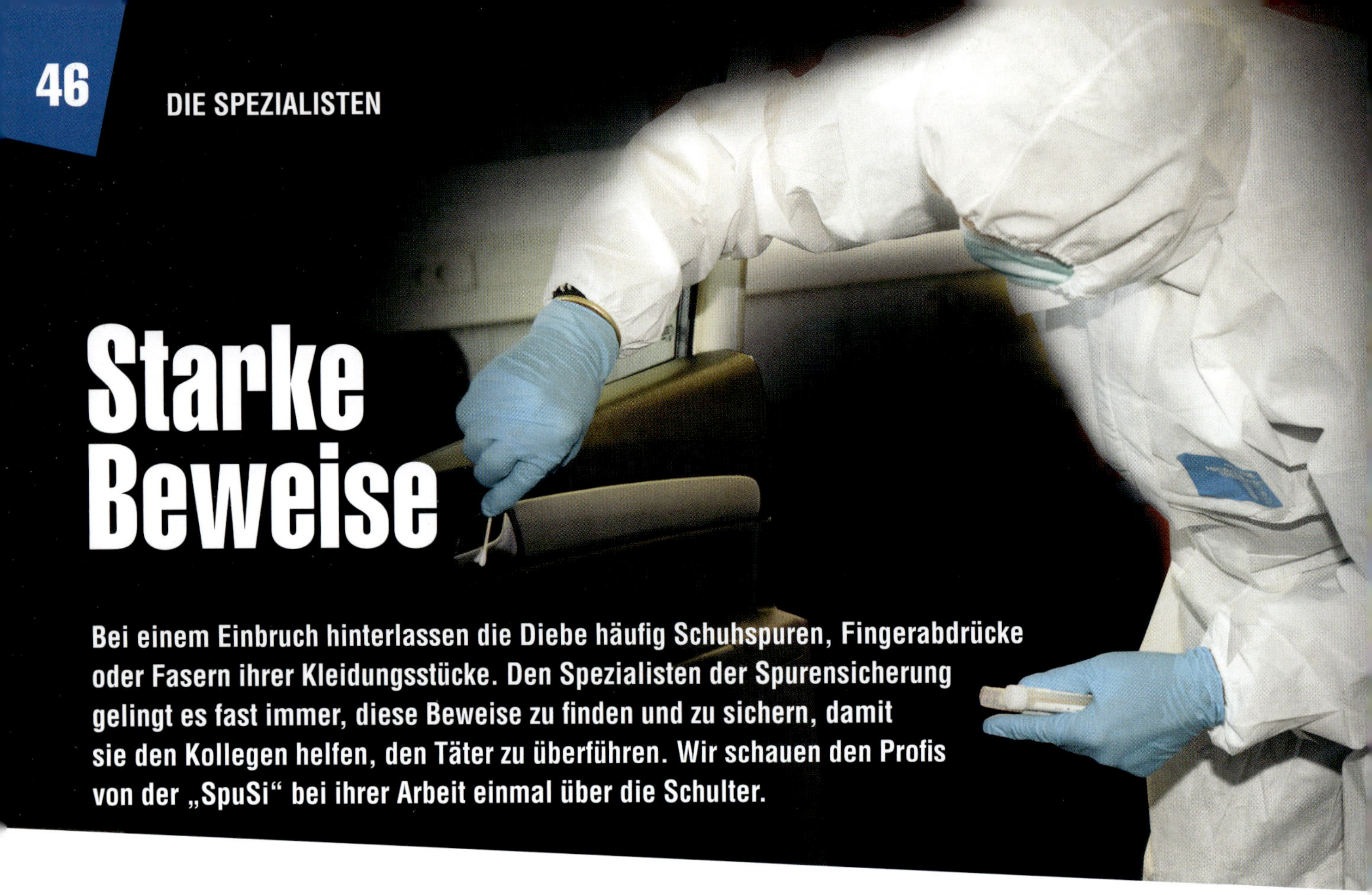

Starke Beweise

Bei einem Einbruch hinterlassen die Diebe häufig Schuhspuren, Fingerabdrücke oder Fasern ihrer Kleidungsstücke. Den Spezialisten der Spurensicherung gelingt es fast immer, diese Beweise zu finden und zu sichern, damit sie den Kollegen helfen, den Täter zu überführen. Wir schauen den Profis von der „SpuSi" bei ihrer Arbeit einmal über die Schulter.

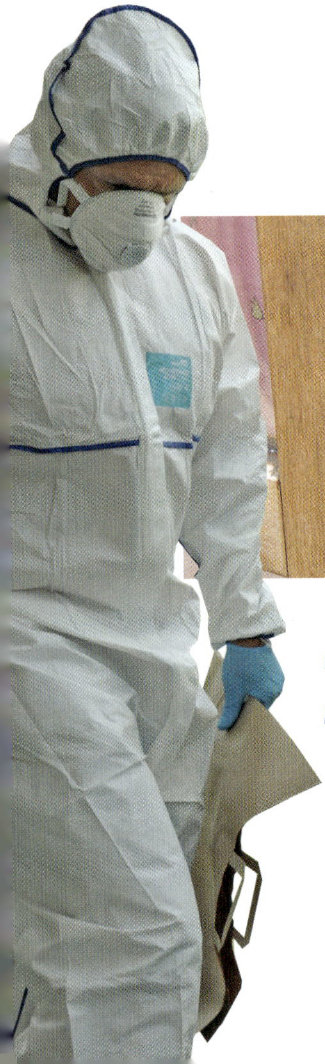

Rund acht Wohnungseinbrüche gibt es in Köln pro Tag. Meistens verschaffen sich die Täter gewaltsamen Zugang über Fenster oder Türen. Im Schlafzimmer, Badezimmer oder im Wohnzimmer suchen sie nach wertvollen Gegenständen, zum Beispiel nach Bargeld und Schmuckstücken. Wenn der Einbrecher mit seiner Beute geflohen ist, machen sich die Spezialisten der Spurensicherung an die Arbeit, um den Täter zu überführen. Wie genau sie dabei vorgehen, siehst Du hier:

1 Das Team der Spurensicherung wird zu einer Erdgeschosswohnung im Kölner Norden gerufen. Ein Einbrecher hat dort wertvolle Schmuckstücke und eine Kamera gestohlen und ist unerkannt mit seiner Beute geflüchtet.

2 Um seinen Diebeszug antreten zu können, hat der Einbrecher das Küchenfenster eingeschlagen. Deshalb beginnen die Spurensicherer mit ihrer Arbeit an diesem sogenannten Einstiegsort. Sie machen sich auf die Suche nach Fingerabdrücken auf dem Fensterrahmen. Dafür haben sie eine bestimmte Methode: die **DAKTYLOSKOPISCHE SPURENSICHERUNG**. Vorsichtig pinseln sie den Fensterrahmen mit einem schwarzen Pulver ab. Auf diese Weise machen sie die Fingerabdrücke des Einbrechers sichtbar. Danach sichern die Polizisten die Fingerabdrücke, indem sie sie auf einer Folie fixieren und auf eine Spurenkarte kleben.

SCHUHSOHLEN-ABDRUCK

3 Jetzt machen sich die Polizisten auf die Suche nach Schuhabdrücken des Einbrechers. Mithilfe des Schräglichts einer Taschenlampe spüren sie einen **SCHUHSOHLEN-ABDRUCK** auf. Denn die Schuhsohle hat sich wie ein Stempel auf den Boden gedrückt – das schräg einfallende Licht macht den Abdruck sichtbar. Diese Spur sichern die Spezialisten mit einem einfachen Hilfsmittel: der Gelatinefolie, die fest auf den Schuhsohlenabdruck gepresst wird.

4 Die Spurensicherer bemerken schnell, dass sich der Einbrecher beim Einstieg in die Wohnung an der eingeschlagenen Fensterscheibe verletzt hat. Denn auf dem Küchenboden finden sie einen eingetrockneten Tropfen Blut. Sie lösen und sichern diesen Blutstropfen mit dem **FORENSIC SWAB**. Den kannst Du Dir wie ein übergroßes Wattestäbchen vorstellen, das in einem verschließbaren Reagenzglas verstaut wird.

FORENSIC SWAB

DAKTYLOSKOPISCHE SPURENSICHERUNG

5 Sobald alle Spuren rund um den Einstiegsort gesichert sind, untersuchen die Spezialisten die einzelnen Wohnräume, aus denen Gegenstände gestohlen wurden, auf weitere Fingerabdrücke, Fuß- und Blutspuren. Natürlich haben auch die Menschen, die in der Wohnung leben, überall unzählige Spuren hinterlassen. Um deren Spuren von denjenigen des Einbrechers unterscheiden zu können, sichern die Polizisten auch die Fingerabdrücke der Bewohner.

6 Die gesicherten Spuren werden mit gespeicherten Spuren verglichen. Die Polizei speichert nämlich von festgenommenen Tätern nicht nur den Namen, sondern in vielen Fällen auch die Fingerabdrücke. Kommt es dann bei einem Abgleich neuer Spuren mit vorhandenen Spuren zu einer Übereinstimmung, ist der Täter überführt. Denn jeder Mensch hat seine eigenen Fingerabdrücke, die kein zweiter auf der Welt hat.

Wenn besonders schwere Straftaten wie zum Beispiel ein Mord passiert sind, müssen die Spezialisten der Spurensicherung bei ihrer Arbeit darauf achten, nicht selbst Fingerabdrücke oder Hautschuppen zu hinterlassen. Deshalb tragen sie am Tatort einen Schutzanzug, Handschuhe und Überschuhe.

DIE SPEZIALISTEN

Mission possible!

Banküberfälle, Undercover-Aktionen oder ★ Geiselnahmen sind ein Fall für die Teams mit der besonderen Ausrüstung, den besonderen Waffen und den streng geheimen technischen Geräten: die Spezialeinheiten.

Die Extra-Unterstützung

Die Polizei Köln hat Spezialisten für jede Straftat, die Du Dir vorstellen kannst. Sobald sie es aber nicht mit einer bereits vollbrachten Tat zu tun hat, sondern mit einem Verbrechen, das passieren könnte oder noch im Gang ist, sind MEK, SEK, VG oder TEG gefragt. Auch wenn Menschen in besonders großer Gefahr sind, rufen die Streifenpolizisten oder die Kriminalpolizei eine oder gleich mehrere dieser vier Spezialeinheiten zur Unterstützung. Die bekannteste ist das Spezialeinsatzkommando (SEK). Außerdem gibt es noch das Mobile Einsatzkommando (MEK), die Verhandlungsgruppe (VG) und die Technische Einsatzgruppe (TEG). Diese Einheiten arbeiten auch häufig zusammen. Alle Polizisten, die bei den Spezialeinheiten arbeiten, haben zusätzlich zu ihrer Polizeikarriere eine Extra-Ausbildung gemacht. Denn für ihren Job müssen sie körperlich außerordentlich fit und seelisch stabil sein. Und: Sie müssen in der Lage sein, sich mit gefährlichen Verbrechern, wie Bankräubern oder Geiselnehmern, auseinanderzusetzen.

MEK: Mobiles Einsatzkommando

Die Polizisten des MEK sind für Observationen zuständig. Das heißt, sie beobachten Menschen, die dabei sind, ein Verbrechen zu planen. Am wichtigsten ist, dass sie bei ihren Beobachtungen unerkannt bleiben. Das geht nur, indem sie sich tarnen und alle ihre Aktionen streng geheim durchführen. Deshalb sind sie während ihrer Einsätze immer als Zivilisten – also nicht in Uniform – unterwegs, und sie fahren ganz normale Autos. Die können allerdings ziemlich schnell fahren und haben allerlei Extras an Bord. Wenn diese Undercover-Polizisten genügend Beweise gesammelt haben, können sie im richtigen Moment eingreifen und dadurch ein Verbrechen verhindern.

VG: Verhandlungsgruppe

Verbrechen wie einen Banküberfall, bei dem die Täter sogar unschuldige Menschen als ★ **Geiseln** genommen haben, versucht die Polizei zunächst mithilfe der Verhandlungsgruppe aufzulösen. Die Polizisten dieser Einheit verfügen über psychologische Fachkenntnisse. Das bedeutet, sie sprechen mit den Geiselnehmern und versuchen dafür zu sorgen, dass niemand verletzt wird. Dabei müssen sie besonders feinfühlig vorgehen, ohne die Täter zu verärgern.

TEG: Technische Einsatzgruppe

Kennst Du „Q" aus den James Bond-Filmen? Der geniale Tüftler versorgt 007 mit technischer Ausrüstung für seine Einsätze. Diese Aufgabe übernehmen bei der Polizei Köln die Kollegen der TEG. Sobald Augen und Ohren der Polizisten nicht mehr ausreichen, unterstützt sie die Technische Einsatzgruppe mit Geräten, wie besonders empfindlichen Kameras, Mikrofonen und sogar Robotern.

SEK: Spezialeinsatzkommando

Findet die Polizei heraus, dass eine Verbrecherbande zum Beispiel den Plan schmiedet, eine Bank zu überfallen, wird die nächste Einheit eingesetzt: das Spezialeinsatzkommando. Das sind die Spezialisten für die Festnahme von bewaffneten Straftätern. Die SEK-Beamten sind dafür besonders trainiert und tragen eine spezielle Ausrüstung, wie schwere Helme, Schutzwesten und auch außergewöhnliche Waffen. SEK-Beamte müssen besonders fit sein. Einmal im Jahr wird ihre Leistungsfähigkeit in Sport, Schießen und taktischem Vorgehen überprüft. Wenn sie nicht im Einsatz sind, erhalten sie Fortbildungen. Zum Beispiel über technische Neuerungen, oder sie üben Eingriffstechniken, um in gefährlichen Situationen einen Angreifer zu entwaffnen.

TIPPS & TRICKS

Was ist **Cyber-Mobbing**?

Welche **Strategien** helfen gegen **Taschendiebe**?

Wie bewegen sich **Radfahrer** sicher durch die Stadt?

Was müssen **Kommissaranwärter** alles lernen?

Achtung, Langfinger!

Über eine Million Einwohner und unzählige Touristen machen Köln auch zu einer verlockenden Stadt für Taschendiebe. Sie erhoffen sich hier schnelle und leichte Beute. Mit welchen Aktionen die Polizei ihnen das Handwerk legt und was Du selbst tun kannst, um keine bösen Überraschungen zu erleben, erfährst Du hier.

Coole Kampagne

Wie in allen großen Metropolen bleiben auch die Kölner und die Touristen, die die Stadt besuchen, von Taschendieben nicht verschont. Die Polizei Köln hat viele Aktionen ins Leben gerufen, damit die lästigen Langfinger möglichst wenige Gelegenheiten bekommen, erfolgreich zu sein. Es gibt sogar eine ★ **Kampagne** des Landes Nordrhein-Westfalen. Sie heißt „Augen auf und Tasche zu! Langfinger sind immer unterwegs". Dabei informiert die Polizei während der Kampagnenwochen in Fußgängerzonen, Einkaufsstraßen und Schulen darüber, wie sich die Bürger erfolgreich gegen Trickdiebe schützen können.

Miese Maschen

Langfinger lassen sich immer wieder neue Methoden einfallen, um an ihre Beute zu kommen. Damit Du nicht so leicht auf die Betrüger hereinfällst, zeigen wir Dir hier ihre häufigsten Tricks:

Flecken-Trick

Dein Opa hat am Geldautomaten 100 Euro von seinem Konto abgehoben. Kurze Zeit später bekleckert ein Mann ihn „versehentlich" mit einer Flüssigkeit. Während er mit der einen Hand wortreich die Jacke Deines Opas säubert, wandert die andere Hand in seine Tasche und lässt die Geldbörse mit dem gerade abgehobenen Bargeld verschwinden.

Rempeltrick
Beim Einsteigen in den Bus stolpert ein Mann vor Dir, bückt sich oder bleibt plötzlich stehen. Während Du aufläufst und abgelenkt bist, greift die Komplizin des Mannes in Deine Jacke, Deine Tasche oder Deinen Rucksack.

Stadt-/Fahrplantrick
Ein Mann fragt Dich nach dem Weg und hält Dir dabei vielleicht sogar einen Stadtplan vor das Gesicht. Während Du Dich orientierst und abgelenkt bist, plündern Mittäter Deine Tasche.

Spendensammler-/Geldwechsler-Trick
Du wirst gebeten, ein Geldstück zu wechseln oder eine kleine Summe zu spenden. Während Du das Münzfach Deiner Geldbörse öffnest, lenkt Dich die Täterin ab oder irritiert Dich, um gleichzeitig die Banknoten aus Deinem Geldscheinfach zu stehlen.

Schlaue Strategien
Du bekommst regelmäßig Taschengeld und Du bist vielleicht schon stolzer Besitzer eines Handys? Dann möchtest Du bestimmt auf gar keinen Fall, dass diese „Schätze" in die Hände von Taschendieben gelangen! Hier ein paar Tipps, mit denen Du zum Spielverderber für Taschendiebe wirst:

- ☐ Sei überall wachsam und gib acht auf Dinge, die für Dich wichtig sind – besonders im Menschengedränge.

- ☐ Transportiere Bargeld und andere wertvolle Gegenstände an verschiedenen Stellen – am besten in verschlossenen Innentaschen oder Brustbeuteln.

- ☐ Nimm nie Dein ganzes Taschen- oder Geburtstagsgeld mit, sondern nur so viel, wie Du für ein Eis oder Fußball-Sammelkarten brauchst.

- ☐ Lerne die PIN-Codes vom Mobiltelefon, Tablet usw. auswendig, statt sie aufzuschreiben.

- ☐ Trage Deine Tasche mit der Verschlussseite zum Körper und halte sie geschlossen.

- ☐ Lass Deine Tasche und wertvolle Gegenstände niemals unbeaufsichtigt.

TIPPS & TRICKS

Sicher surfen

Mal eben mit Google Infos für die Schule recherchieren, schnell ein paar Fotos auf Facebook posten oder die nächste Verabredung über WhatsApp organisieren. Ein Leben ohne elektronische Medien und Internet kann sich niemand mehr vorstellen. Allerdings lauern im Netz auch jede Menge Fallen. Wie Du Dich im World Wide Web vor Shitstorms und Mobbing schützen kannst:

Das Internet ist nicht nur ein schneller Helfer bei den Hausaufgaben oder eine Möglichkeit, sich mit Freunden auszutauschen, sondern manchmal auch gefährliches Gebiet. Es gibt einige Tipps, die Dir helfen, Gefahren aus dem Weg zu gehen:

- Die Profilangaben in sozialen Netzwerken sollten niemals Deine vollständige Adresse oder Telefonnummer enthalten. Überlege Dir genau, welche Freunde Du auswählst und mache Dein Profil nur für Deine tatsächlichen Freunde sichtbar.

- Sei misstrauisch gegenüber Inhalten, die Du in Foren liest. Denn im Internet kann jeder etwas schreiben und das muss nicht immer richtig sein. Oft ist nicht zu erkennen, woher die Informationen stammen oder wer sie eingestellt hat.

- Verhalte Dich immer fair. Denn Hasskommentare, Lügen und Mobbing sind die Schattenseiten der unendlichen Freiheit im Internet.

Überlege Dir genau, welche Bilder Du verbreitest. Sobald ein Foto online ist, hast Du keinen Einfluss mehr darauf, was damit geschieht – andere Menschen könnten es weiterposten, auf ihrem Gerät speichern oder es als Anlass nehmen, Dich zu beleidigen. Es gibt zwar für jeden das „Recht am eigenen Bild" – das bedeutet, dass Dein Foto nur mit Deiner Erlaubnis veröffentlicht werden darf – aber viele missachten dieses Recht.

Angriff im Netz: Cyber-Mobbing

Wenn Menschen im Internet belästigt, bedroht und ausgegrenzt werden, dann gibt es dafür einen Begriff: Cyber-Mobbing. Nur wenige wissen, dass Cyber-Mobbing strafbar ist. Schließlich handelt es sich dabei um Beleidigung, üble Nachrede, ★ **Verleumdung** oder sogar Bedrohung – alles Anlässe für die Polizei, ihre Ermittlungen aufzunehmen. In der anonymen Welt des Internets fällt es vielen leicht, andere zu beleidigen und anzugreifen. Trotzdem können sich Opfer von Cyber-Mobbing gegen die feigen Angriffe wehren:

- Wichtig ist es, mit jemandem über das Problem zu sprechen – das können Eltern, Lehrer oder andere Vertrauenspersonen sein.

- Spielt sich das Mobbing in einem sozialen Netzwerk ab, sollte der Anbieter darüber informiert werden. Er kann den Account des Mobbers sperren. Das Opfer kann gleichzeitig den eigenen Account ändern (lassen).

- Nicht auf die Beleidigungen reagieren oder sogar mitmobben. Den Mobber auf die persönliche „Ignorieren"-Liste setzen.

- Wer sich beleidigt oder sogar bedroht fühlt, sollte Anzeige erstatten – Screenshots oder Fotos der Mobbing-Beiträge helfen der Polizei, den Mobber aufzuspüren.

„Neue Technologien bieten auch neue Angriffsflächen. Cyber-kriminalität, so nennen wir alle Straftaten, die mithilfe von Computern oder des Internets begangen werden. Zum Beispiel, wenn jemand mit einem Schadprogamm die Daten auf anderen PCs ausspäht, um an Fotos oder Videos zu gelangen. Die Polizei Köln berät und hilft Menschen, die Opfer von Cyber-kriminalität geworden sind."

Dirk Beerhenke,
Kriminalhauptkommissar,
Fachmann für Cyberkriminalität

Noch mehr Tipps zu den Themen „Internet" und „Cyber-Mobbing" findest Du auf **www.polizeifuerdich.de**

TIPPS & TRICKS

Fest im Sattel

Viele Unfälle im Straßenverkehr passieren, weil Auto- und Fahrradfahrer unsicher sind oder die Verkehrsregeln missachten. Die Mountainbiker der Polizei kümmern sich darum, dass Köln ein sicheres Pflaster für Radler ist.

„Wir führen täglich Gespräche mit den Bürgern, um sie zu informieren und ihnen ein Gefühl für Sicherheit zu geben. Oft sind die Menschen dankbar, wenn wir sie auf ein Fehlverhalten und die Gefahren im Straßenverkehr aufmerksam machen. Vor allem jungen Radfahrern ist nicht bewusst, wie gefährlich es ist, während der Fahrt Musik über Kopfhörer zu hören oder das Handy zu benutzen."

Andreas Schley, Polizeioberkommissar, Verkehrsdienst

Richtig radeln

Immer mehr Kölner legen die Strecke zur Schule, zur Arbeit oder ins Schwimmbad mit dem Fahrrad zurück. Das bedeutet zugleich, dass auch immer mehr Fahrradfahrer im Straßenverkehr verunglücken: 2000 Radler waren im Jahr 2017 in Unfälle verwickelt – 200 mehr als im Jahr zuvor. Deshalb ist die Mountainbikestaffel für die Polizei Köln besonders wichtig. Diesen Polizisten begegnest Du vor allem in der Innenstadt. Sie haben ein wachsames Auge darauf, dass alle Fahrradfahrer die Verkehrsregeln beachten. Zugleich kontrollieren sie, ob sich Fußgänger und Pkw-Fahrer gegenüber Fahrradfahrern korrekt verhalten. Typische Gefahrenquellen, nach denen die Mountainbike-Polizisten Ausschau halten, sind: Radler, die während der Fahrt mit dem Handy telefonieren, Musik über Kopfhörer abspielen oder rote Ampeln ignorieren. Autofahrer hingegen bringen Radler in Gefahr, wenn sie die Vorfahrtsregeln missachten oder Autotüren unbedacht öffnen.

Hier ein paar Tipps für alle, die auf zwei Rädern in der Stadt unterwegs sind.

Ein Fall für Experten

Drahtesel und Besitzer müssen perfekt zueinander passen. Deshalb ist es wichtig, dass Du Dich von den Experten in einem Fachgeschäft über die richtige Größe und die technische Ausstattung beraten lässt. Wenn Du unterwegs bist, kannst Du jeden Polizisten auf der Straße ansprechen, falls Du Fragen zum Thema Verkehrssicherheit hast.

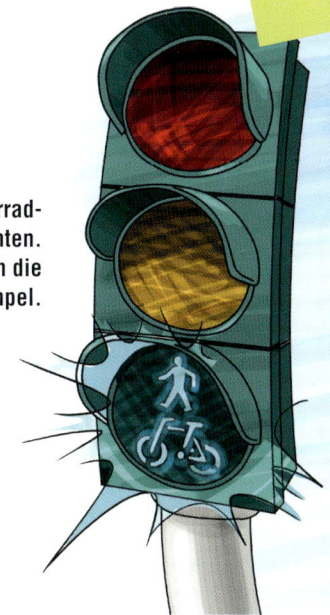

Gibt es eine Ampel für Fahrradfahrer, musst Du sie beachten. Ist keine da, gilt für Dich die normale Straßenverkehrsampel.

Auf dem richtigen Weg

Bis zum Alter von acht Jahren müssen Kinder auf dem Gehweg fahren. Bis zu ihrem zehnten Geburtstag dürfen sie auf dem Gehweg fahren. Sind Erwachsene mit Dir gemeinsam unterwegs, dürfen sie Dich auf dem Gehweg begleiten. Für alle Radler ab zehn Jahren gilt: Gibt es einen Radweg, der mit einem blauen ★ **Piktogramm** oder Schild mit einem Fahrrad gekennzeichnet ist, dann müssen sie diesen benutzen. Sind Radwege vorhanden, aber nicht beschildert, können sie selber entscheiden, ob sie lieber auf der Straße oder auf dem Radweg ihr Ziel erreichen möchten.

In die richtige Richtung

Fahre immer in Fahrtrichtung und auf der korrekten Straßenseite. Denn: Einbahnstraßen gelten auch für Fahrradfahrer, es sei denn, Schilder erlauben Dir, eine Einbahnstraße in entgegengesetzter Richtung zu benutzen. Wenn Du die Einbahnstraße entgegengesetzt der Fahrtrichtung befahren darfst, musst Du am rechten Fahrbahnrand radeln.

Rechts oder links

Beim Abbiegen solltest Du immer vorsichtig sein und den Schulterblick nicht vergessen. Denn oft verhalten sich auch Autofahrer gegenüber den Zweiradfahrern falsch.

Wenn Du mit Freunden unterwegs bist und Ihr euch jede Menge zu erzählen habt, gilt trotzdem: Es ist nicht erlaubt, nebeneinander zu fahren – außer Du fährst in einer Gruppe von über 15 Radfahrern.

Spielregeln

Die Vorschriften im Straßenverkehr gelten für alle – auch für Radfahrer. Deshalb:

- Keine roten Ampeln missachten.
- Rücksicht nehmen auf andere Verkehrsteilnehmer.
- Kein Handy, während Du auf dem Sattel sitzt.
- Nach Alkoholkonsum nicht fahren.
- In der Fußgängerzone absteigen.
- Während der Fahrt: Licht an! Immer! So können Dich andere auch am Tag frühzeitig sehen.

TIPPS & TRICKS

Traumjob Polizist

Möchtest Du später vielleicht auch an Tatorten Spuren sichern, für Sicherheit im Straßenverkehr sorgen oder Diebstähle und andere Straftaten aufklären? Wir zeigen Dir den Weg zum Polizeidienst.

Für alle!

Mehr als 100 verschiedene Aufgabenbereiche gibt es bei der Polizei Köln. Bevor jemand jedoch als Experte in einem besonderen Fachgebiet arbeitet, muss er zunächst ganz allgemein zum Polizisten ausgebildet werden. Drei Jahre lang werden daher die zukünftigen Ordnungshüter auf ihren Dienst vorbereitet. In dieser Zeit heißen sie „Kommissaranwärter". In NRW absolvieren sie dazu ein Studium.

Für die Kommissaranwärter gibt es extra das Fach „Schießen/Nichtschießen". Hier lernen sie, wie sie sicher und verantwortungsbewusst mit der Pistole, der Maschinenpistole, dem Einsatzmehrzweckstock und dem Pfefferspray umgehen.

Lernen & Trainieren!

Theorie, Training, Praxis – das sind die Bausteine, aus denen das Studium für die Kommissaranwärter besteht. Der Studiengang trägt den etwas sperrigen Namen „Bachelor of Arts Polizei Vollzugsdienst". Im theoretischen Teil stehen Straf- und Polizeirecht, Kriminalistik und Psychologie auf dem Stundenplan. Danach üben die Kommissaranwärter, wie sie das Gelernte richtig einsetzen. Für die praktischen Übungen hat die Polizei eigene Trainingszentren. Dort gibt es Verkehrsübungsplätze, Sportstätten, Wohnungen und kleine Übungswachen, in denen erfahrene Polizisten mit den Studenten Fälle durchspielen. Alle Kommissaranwärter machen ein Fahr- und Sicherheitstraining, Selbstverteidigungs- und Erste-Hilfe-Kurse. Außerdem lernen die Studenten, wie sie Spuren sichern und trainieren Eingriffstechniken und Strategien, um Gefahrensituationen zu erkennen und zu bewältigen.

Wie im richtigen Leben!

Im praktischen Ausbildungsteil im Streifendienst auf den Wachen und in den Kriminal- und Verkehrskommissariaten erfahren die Anwärter, wie der Arbeitsalltag bei der Polizei ganz genau aussieht. Dabei steht jedem Studenten ein ★ **Tutor** zur Seite. Nach dem Studium werden alle Anwärter zum Polizeikommissar ernannt und arbeiten zunächst mindestens ein Jahr lang im ★ **Wach- und Wechseldienst.**

Erste Hürde

Über 9000 Interessierte bewerben sich pro Jahr für einen Studienplatz in NRW zum Polizeikommissar. Auf alle Bewerber wartet ein sogenanntes Auswahlverfahren. Es besteht aus verschiedenen Tests, Rollenspielen und einem Vortrag. Die Bewerber müssen außerdem bestimmte Eigenschaften mitbringen, die für Polizisten besonders wichtig sind. Bedeutsam ist zum Beispiel, dass sie „für die freiheitliche demokratische Grundordnung eintreten", also die Gesetze und Rechte, die in Deutschland gelten, akzeptieren und nach ihnen leben.

„Teamarbeit, ständig neue Herausforderungen und Verantwortung übernehmen, damit es gerecht zugeht – deshalb ist der Polizeiberuf genau richtig für mich."

Lisa Maddalena Jahn,
Kommissaranwärterin

Für Polizei-Profis! QUIZ

Wie gut kennst Du Dich mit der Polizei Köln aus? Teste Dein Expertenwissen mit diesem Quiz.
Die Buchstaben ergeben in der richtigen Reihenfolge das Lösungswort.

1 Wenn Du die Hilfe der Polizei brauchst, wählst Du die **Telefonnummer** …

- H 110
- I 123
- J 007

2 **Welche Experten** sind gefragt, wenn bei einem Verkehrsunfall Menschen schwer verletzt wurden?

- A VU-Team
- B Bereitschaftspolizei
- C MEK

3 Mit welcher Methode machen die Spezialisten der Spurensicherung **Fingerabdrücke sichtbar?**

- M Symbolische Spurensuche
- N Daktyloskopische Spurensuche
- O Mythologische Spurensuche

4 Die Abkürzung **SEK** steht für …

- B Supereinsatzkommissare
- C Sonntagseingreifkrimi
- D Spezialeinsatzkommando

5 Wo **bewahren** die Polizisten nach der Arbeit ihre **Waffen** auf?

- S In der Waffenkammer
- T Zuhause
- U In der Schreibtischschublade

6 Was gehört unbedingt in einen **Streifenwagen?**

- A Staubsauger
- B Laubbläser
- C Besen

7 Wie nennen die Polizisten ihre Hubschrauber?

G Hornisse
H Hummel
I Heuschrecke

8 Die Malinois der Diensthundeführerstaffel gelten als …

C verschlafen, verspielt und verträumt
D faul, frech und eigensinnig
E wachsam, klug und stark

9 Was machen die Polizisten, die in der Befehlsstelle im RheinEnergie-Stadion arbeiten?

K Sie schauen sich einfach nur gemütlich die Heimspiele des 1. FC Köln an
L Sie beobachten das Geschehen rund um die Fußballspiele. Falls nötig, geben sie von dort wichtige Informationen an die Kollegen weiter, die im und am Stadion unterwegs sind
M Sie sind für die Sicherheit von Maskottchen Hennes verantwortlich

10 Wer kontrolliert, ob Fahrradfahrer die Verkehrsregeln einhalten?

L Die Mountainbikestaffel
M Die Landesreiterstaffel
N Die Bundespolizei

11 Belästigungen und Beleidigungen im Internet nennt man

D Netz-Verbrechen
E Cyber-Mobbing
F WWW-Kriminalität

12 Wie viel Futter vertilgt ein Polizeipferd pro Tag?

L 11,11 Kilogramm
M 99 Kilogramm
N 9 Kilogramm

Lösungswort:

___ ___ ___ ___ ___ ___ ___ ___ ___ ___ ___ ___
 1   2   3   4   5   6   7   8   9 10 11 12

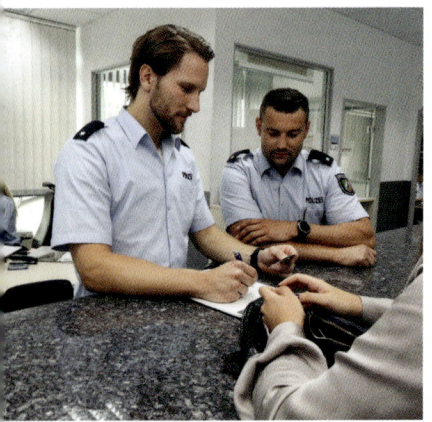

DAS POLIZEI-1x1

Anzeige
Meldung einer Straftat bei der Polizei. Die Beamten prüfen und bearbeiten die Anzeige, um dann ihre Ermittlungen aufzunehmen.

Barrikaden
Eine Art Hindernis, um einen bestimmten Bereich zu schützen oder abzusperren. Der Begriff kommt vom französischen Wort für Fass. Denn in Frankreich wurden früher Fässer verwendet, um Straßen abzusperren.

Behörde
Amt mit bestimmten Aufgaben, die der Staat für seine Bürger erfüllen muss. Der Schutz der Bevölkerung durch die Polizei gehört dazu.

Bordstromaggregat
Dieses Hilfsmittel kannst Du Dir wie eine große Batterie vorstellen. Damit können Polizisten bei Außeneinsätzen auch ohne Steckdose elektronische Geräte verwenden.

Castortransport
Castoren sind spezielle Behältnisse, in denen giftiger Atommüll gelagert und transportiert wird. Zum Beispiel Züge bringen die Castoren von den Atomkraftwerken zu anderen Orten. Dort sollen die Behälter möglichst sicher lagern.

Fahndung
Gezielte Suche der Polizei nach Personen oder Gegenständen.

Fanbanner
Großes Plakat, das die Fans im Stadion hochhalten oder befestigen, um damit ihre Mannschaft anzufeuern. Es passiert aber auch, dass der Text auf den Bannern nicht das eigene Team unterstützt, sondern den Gegner beleidigt.

Festkomitee Kölner Karneval
Setzt sich für die Interessen der Karnevalsgesellschaften ein und dafür, dass der Karneval ein fröhliches und friedliches Fest bleibt. Außerdem organisiert das Festkomitee den Rosenmontagszug.

Fluoreszierende Folie
Folie, die von selbst leuchtet, wenn sie mit Licht angestrahlt wird. So wie die Reflektoren auf Schulranzen.

Formular
Unterlage mit Feldern, in die bestimmte Informationen eingetragen werden sollen.

Geiselnahme
Geiseln sind Personen, die gegen ihren Willen und in böser Absicht gefangen genommen wurden. Bei einer Geiselnahme ist – anders als bei einer Entführung – der Ort bekannt, an dem sich das Opfer befindet.

Gerichtsfest
Vor Gericht als Beweis verwendbar.

Grenzübertrittspapiere
Dokumente, wie zum Beispiel Personalausweis oder Reisepass. Dort sind Angaben wie Name und Staatsangehörigkeit notiert. Für die Einreise in viele Länder sind sie notwendig.

Haftrichter
Er prüft nach der Festnahme eines Verdächtigen, ob der Beschuldigte in Untersuchungshaft kommt. Personen dürfen nicht ohne Grund lange eingesperrt werden, deshalb muss ein Haftrichter immer schnell entscheiden.

Hebeschlaufen, Hebegeschirr
Hilfsmittel, mit denen sehr schwere Gegenstände angehoben werden können.

Kampagne
Eine große Aktion, die mit Plakaten, in Zeitungen oder im Internet auf bestimmte Themen hinweist. Kampagnen möchten größtmögliche Aufmerksamkeit wecken.

Karosserie
Äußere Hülle eines Fahrzeugs.

Martinshorn
Sirene, die sich auf Polizeifahrzeugen befindet. Wenn die Einsatzkräfte zu einem Notfall unterwegs sind, schalten sie es ein, damit die anderen Verkehrsteilnehmer Platz machen.

Pfefferspray
Dient als Waffe in Notlagen, um sich gegen gewalttätige Menschen zu verteidigen. Wie bei einer Sprühdose tritt ein Wirkstoff aus, der aus Chili gewonnen wird und deshalb sehr schmerzhaft ist – besonders für Augen, Atemwege und die Haut.

Piktogramm
Informationen, die nicht durch Aufschriften, sondern durch Bilder mitgeteilt werden. Verkehrs- und Verbotsschilder sind typische Piktogramme.

Pyrotechnik
Bestimmte Art der Verbrennung von Material. Meist geschieht dies explosiv und es entstehen dabei ein Knall, Rauch und Licht. So wie bei einem Feuerwerk. Innerhalb einer Menschenmenge ist das Zünden von Pyrotechnik gefährlich.

Rauschgift
Mittel, das eine bestimmte Wirkung im Körper auslöst. Manche Menschen nehmen ein Rauschmittel, um ein angenehmes Gefühl zu bekommen. Rauschgift ist sehr gefährlich, denn der Körper gewöhnt sich schnell daran und wird krank. Der Mensch muss dann immer wieder dieses Rauschgift nehmen, sonst fühlt er sich sehr schlecht. Er ist dann süchtig.

Terrorismus
Das Wort Terror bedeutet Schrecken. Terroristen planen und verüben Anschläge auf Menschen, um mit dieser brutalen Gewalt ihre Meinung durchzusetzen. Polizisten und Geheimdienste arbeiten daran, den Terrorismus zu stoppen und neue Anschläge zu verhindern.

Tutor
Person, die andere unterrichtet, weil sie viel Erfahrung in ihrem Fachgebiet hat.

Verleumdung
Absichtliche Verbreitung von Lügen über eine Person. Verleumdung ist eine Straftat, die zu einer Geld- oder sogar Freiheitsstrafe führen kann.

Wach- und Wechseldienst
Spezielle Form des Schichtdienstes mit ständigem Wechsel zwischen Früh-, Spät- und Nachtdienst.

Wärmebildkamera
Hilft der Besatzung der Polizeihubschrauber, weil sie Temperaturunterschiede auf der Erdoberfläche oder einer Wasserfläche erkennt. Dadurch ist dieses Hilfsmittel in der Lage, vermisste Personen, flüchtige Täter oder noch warme Motoren von Fluchtautos aufzuspüren.

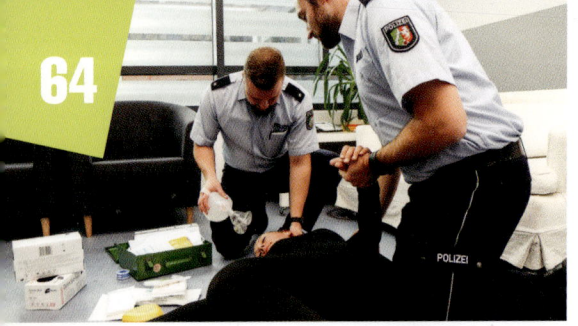

Danke!
Dieses Buch ist vor allem durch den Einsatz der vielen Polizistinnen und Polizisten zu einem lesenswerten Stoff geworden. Herzlichen Dank an alle Präsidenten und Direktoren, Öffentlichkeitsarbeiter und Fotomodelle, Spezialisten und Spurensucher, kleine und große Tiere, Fahrzeuglenker und Alltagshelden – für Einblicke hinter die Kulissen der Polizei Köln, Antworten auf unendlich viele Fragen und wertvolle Unterstützung bei der Organisation von Fototerminen!

Bibliografische Information der Deutschen Nationalbibliothek
Die Deutsche Nationalbibliothek verzeichnet diese Publikation in der Deutschen Nationalbibliografie; detaillierte bibliografische Daten sind im Internet über https://portal.dnb.de abrufbar.

1. Auflage 2018
© J.P. Bachem Verlag, Köln 2018

Texte: Kristina Wild und Lutz Martschinke, Polizei Köln
Redaktion: Daniela Mutschler
Illustrationen: Frank Robyn-Fuhrmeister
Layout: Petra Drumm, Giannina Torrano
Druck: Belvédère, Niederlande

ISBN 978-3-7616-3119-5
ISBN 978-3-7616-3313-7 PDF
ISBN 978-3-7616-3314-4 EPUB
ISBN 978-3-7616-3315-1 MOBI

Aktuelle Programminformationen finden Sie unter www.bachem.de/verlag

BILDNACHWEIS
Petra Drumm: 1, 4 o. r., 4 m. r., 13 m. (Reiterstaffel), 24, 25 m., 25 u. r., 25 u. l. (Porträt), 42, 43 u. l. (Porträt), 44 o., 45, 46 u. r., 62 u. l. (Bild 5), 63 m. r. (Bild 3), 64 l. (Bild 3 und 5); Fotolia/Andrey Popov: 49 o. l.; Fotolia/Chinnapong: 50/51; Fotolia/Gerhard Seybert: 52 o.; Miklos Laubert: 22 o., 44 u.; privat: 30 m. r., 62 l. (Bild 4); Jörg Reuer (Polizei Köln): 3, 4 o. l., 4 m. l., 5 o. l., 8, 9 o. r., 9 m. l., 10, 11 m. l., 16/17, 18/19 (Hintergrundbild), 18 u., 19 o. l., 19 m., 19 u. l., 20 u. l., 21 o. r., 21 m. l., 22 m. r., 23 m. (Wasserwerfer mit Nahaufnahme), 26 m. r., 27 o. r., 27 m. l., 28/29, 30 o., 31 m. l., 34, 41 u. r., 43 m. r., 53 u. l., 56 o., 56 m. l. (Porträt), 56 m. r., 62 m. l. (Bild 3), 63 r. (Bild 2), 64 l. (Bild 2); Joachim Rieger: 27 o. m.; Jochen Tack: 40; Jochen Tack / Alamy Stock Photo: 26/27 u., 48; Giannina Torrano: 2, 4 u., 5 m. l., 11 o. r., 13 m. r. (Kelle und Absperrband), 15 u. l., 25 o. l., 30 u. l., 31 u. r., 32, 33, 34 u., 35, 36/37, 38, 39, 41 m. r., 43 u. l., 43 u. r., 55 o. r., 56 m. l., 59 o., 59 u., 62 o. l. (Bild 1), 63 u. r. (Bild 5), 64 u. l. (Bild 6); Kristina Wild (Polizei Köln): 5 m. r., 9 m. r., 9 u. l., 11 u. r., 12 u., 14/15 o., 14 u. r., 18 m., 21 u. l., 23 u., 31 m. r., 49 m., 49 u.; 55 o. r. (Porträt), 62 l. (Bild 2), 63 r. (Bild 4), 64 l. (Bild 4); alle weiteren Fotos: Polizei Köln.

Titel: Petra Drumm (m. l.); Polizei Köln (u. m.); Giannina Torrano (o., u. r.).
Buchrückseite: Petra Drumm (u. r.); Miklos Laubert (u. m.); Polizei Köln (o. l., o. r., m. l. u., u. l.); Jörg Reuer, Polizei Köln (m. l. o.); Kristina Wild, Polizei Köln (o. m.).
Vorsatz und Nachsatz: Jörg Reuer (Polizei Köln).

Wir haben uns bemüht, für alle Abbildungen die entsprechenden Inhaber der Rechte zu ermitteln. Sollten dennoch Ansprüche offen sein, bitten wir um Benachrichtigung.